PRIX : 60 centimes.

HENRY AUBANEL

HISTORIETTES

PARIS
ERNEST FLAMMARION, ÉDITEUR
26, rue Racine, 26.

HISTORIETTES

ÉMILE COLIN — IMPRIMERIE DE LAGNY

HENRY AUBANEL

HISTORIETTES

PARIS

ERNEST FLAMMARION, ÉDITEUR

26, RUE RACINE, PRÈS L'ODÉON

HISTORIETTES

LA FEMME

Dans le fumoir sombre, entre hommes, l'on causait — de femmes naturellement. En humant les cigares bruns et odorants, chacun disait celles qu'il préférait.

— Moi, avouait l'un, j'adore les femmes de théâtre, les actrices. Elles ont du tempérament, de la chaleur. Chez elles, les planches aiguisent le nerf. Avec ça, de l'instruction, du monde, parfois du piano. Les chanteuses, par exemple, sont pour la plupart musiciennes. Et puis... elles voyagent énormément, voient pas mal de monde, des auteurs, des compositeurs, et de ce contact elles emportent un vernis intellectuel qui les rend très agréables. Leur conversation y gagne en variété, en piquant...

— Du jabotage, répliqua un autre, du cabotinage, du fard toujours et partout — à la scène comme au lit, en métier comme en amour... Le vernis est le même chez toutes ou à peu près. Leurs effets sont calculés, réglés ; leur passion... un duo d'opéra. Pour moi, la femme rêvée, c'est la bonne petite maîtresse qu'on a eue le premier et qui vous crée un *home* de la main gauche, en attendant celui de la main droite... Une camarade qui vous aime, vous dorlote, vous met dans du coton, vous prépare cette dînette des familles qui repose du « plat du jour » de restaurant...

— Et vous trompe, n'est-ce pas? interrompit un troisième. Car c'est fatal : on se lasse du tête à tête et l'on invite un beau jour les amis. Or, ceux-ci... C'est, d'ailleurs, un service qu'ils vous rendent : de la sorte, le lâchage devient possible et ils vous donnent un argument contre les scènes, les crises, les phrases, les grincements de dents. Ah ! c'est qu'il y a tirage pour rompre avec les « bonnes petites maîtresses qu'on a eues le premier ». Tandis qu'avec les cocottes !... Les cocottes, voilà le véritable article pour hommes. Pas bon marché, c'est vrai, mais coquet, joli, poudré, parfumé — un bibelot qu'on expose dans sa garçonnière tant qu'il plaît et qu'on troque sitôt qu'on s'en fatigue. Avec ces femmes-là, point de précautions oratoires, ni d'exorde On entre d'emblée dans le corps du sujet et la péroraison est brève et concise : un mobilier, un chèque et bonjour, bonsoir ! l'affaire est liquidée.

— Quelle blagues, continua un quatrième, un jeune qui posait pour le scepticisme. L'actrice fraude, la petite maîtresse ingénue se déniaise et devient collante, la cocotte a performances et harnachement comme un trotteur anglais, et, comme lui, rend sa course pour le prix fixé. Et toutes trois font du métier : métier dégoûtant qui exclut tout art. Voyez-vous, il n'y a de vrai que la femme honnête, qui a un mari et un intérieur. Avec elle point de tarif, ni de marchandage. En admettant que l'amour existe, celles-là nous aiment pour nous-mêmes. Et quel amour compliqué ! Il y a la jouissance vague du flirt, l'entrée en matière, la lutte contre ce qu'elles appellent leur pudeur, la victoire enfin et ses avantages : je veux dire un corps qui n'a point eu trop de propriétaires et un besoin de raffinements et de perversités. Car ces dames ne délaissent point le fade pot-au-feu pour ne pas le relever de piment...

Ainsi, à tour de rôle, chacun racontait ses préférences et les raisonnait. Seul, le grand Rudeix n'avait encore rien dit. C'était un gros garçon, trapu et carré, d'allure bon enfant malgré le monocle qui donnait à sa figure une grave expression.

— Et toi, lui demanda-t-on, lesquelles aimes-tu mieux ?

— Toutes, dit-il simplement.

Et comme les autres semblaient se demander si ce pince sans-rire ne voulait pas les mystifier, il reprit :

— Tenez, vous me faites rire avec votre pointage. Depuis un moment je vous écoute cataloguer les femmes et les séparer en pelotons que vous poinçonnez à la marque rouge ou noire — comme, à l'abattoir, les viandes de première ou de deuxième qualité. Mariées, ballerines, irrégulières, vous les avez toutes mises sur la sellette et toutes ont trouvé un avocat. Car toutes ont pile et face. Et c'est ce que vous semblez ne pas comprendre ; et c'est par quoi vos papotages m'ont paru drôles.

Les femmes... mais nous n'en aimons aucune et nous les aimons toutes. Certaines peuvent nous retenir quelques heures par tel ou tel détail particulier. Mais qu'une autre paraisse et nous oublions. Car, au fond de toutes, c'est une chose identique que nous recherchons... Et ne protestez pas. Malgré vos préférences personnelles, vous avez tous sacrifié à cet instinct. Collégiens, les filles de chambre ne vous répugnaient point, pas plus que les pierreuses déchardes. Adolescents, vous avez zigzagué de l'entretenue à la femme honnête et vous continuez. Et toi, l'amateur des cabotines qui causent et musiquent, toi qui demandes surtout à l'amour un décor — du linge, une demi-lumière et de l'oppoponax — va à la campagne, rencontre une grosse joufflue, ronde et ferme, près des foins en tas... Tu verras, mon garçon...

Ah ! si une oreille féminine pouvait m'entendre, comme je serais approuvé ! Car, soyez-en sûrs, le phénomène est identique pour ces dames. Elles éprouvent le même besoin. Ce n'est point la chemise blanche, l'habit noir, le lorgnon ou les bons mots qui les font tomber. Ce sont là petits riens qui accrochent leur attention, mais celle-ci éveille la chair. Toutes ne faillissent pas, j'en conviens. Leur éducation, le milieu, le danger les empêchent souvent de chûter. Mais le désir ne les en prend pas moins et, sans crainte d'exagération, l'on peut affirmer qu'il n'en est pas une qui n'ait été adultère au moins une fois — de pensée.

Tandis que nous, rien ne nous retient. Les mêmes scrupules ne nous empêchent point d'aller de l'une à l'autre, au hasard du caprice. Et c'est pourquoi je trouve ridicule votre particularisme — d'autant plus ridicule que pas un, parmi vous, ne s'est, en fait, cantonné dans la spécialité dont il fait parade. Ce sont là théories de causeurs, mais allez donc les mettre strictement en pratique...

A ce moment, la porte, du fumoir s'ouvrit et le maître de la maison parut :

— On fume toujours ? interrogea-t-il en souriant. Ces dames sont à côté qui commencent à s'ennuyer.

— Allons leur tenir compagnie, dit Rudeix.

Puis, en manière de péroraison :

— Des femmes, dit-il, la meilleure est celle que l'on tient dans ses bras.

Et, derrière lui, tous gagnèrent le salon.

LE JOURNAL DE LA DOUAIRIÈRE

FRAGMENT

. . . .

Il pleut. Je me suis assise près de ma fenêtre. Il fait si bon guetter, à travers la vitre brouillée de gouttelettes, les passants qui pataugent sous l'ondée! Mon intérieur me semble meilleur, et plus chaud, et plus capitonné... Mais mon égoïsme a été puni : Je viens d'apercevoir là-bas, sur la chaussée boueuse, un bon vieux prêtre, voûté, cassé, et cette vue m'a faite toute songeuse. J'ai dû jeter un regard en arrière sur le long chemin déjà parcouru de mon existence et voilà qu'en ma songerie a passé une figure aimée mais torturante...

Que tu es loin, chère vision !...

Tu étais prêtre aussi, mais combien jeune, séduisant, presque mondain! La première fois que nous nous rencontrâmes, ce fut chez la petite baronne Edwige, une bonne amie du couvent. Votre jolie barbe noire et soyeuse était délicatement peignée; votre œil lançait de chauds regards adoucis par de longs cils. Ils parlaient, vos yeux, monsieur l'abbé... Ils me parlèrent, du moins, exerçant sur la petite tête folle que j'étais une ineffable attirance.

On avait improvisé un concert au salon. Mon tour vint de chanter : je m'exécutai. Je murmurai une rêveuse ballade d'antan, au rythme lent et berceur. Oh! que ma voix dut trembler ce jour-là! Car je me sentais écoutée. Je vous tournais le dos, mais il me semblait que vous ne bavardiez pas comme les autres, que vos yeux me suivaient obstinément de leur regard profond, enveloppant.

Une sensation étrange me gagna, et quand, revenue à ma place, vous m'avez félicitée, vos compliments me parurent moins banals que les autres et plus sincères. Votre voix onctueuse m'était une douce musique troublante et, dans mon corset, suffoquait mon petit cœur, — aujourd'hui racorni et muet, le pauvre agonisant !...

Depuis, nous nous revîmes bien des fois. J'étais devenue votre pénitente et je savais toujours être la dernière au confessionnal. Vous m'accordiez ainsi plus de temps et ce m'était un double charme que l'ombre mystérieuse de la cathédrale recueillie que troublait seul le frôlement de votre surplis de neige contre la boiserie du prie-Dieu ou votre voix murmurante, me chuchotant doucement vos conseils à l'oreille. Je regagnais ensuite ma place lentement et là, agenouillée, dans le silence de la nef à peine éclairée par la veilleuse clignotante balancée dans le noir, je m'éternisais en de longues rêveries où revenait sans cesse votre profil aimé...

Oui, aimé... Je puis bien me l'avouer aujourd'hui, devant la franchise du miroir où je ne retrouve plus les mèches blondes qui frissonnaient à la brise, ni cette peau qu'on disait de satin... La petite veuve adulée d'autrefois n'est plus. Deux larges bandeaux argentés couronnent son front labouré de rides. Elle se rappelle seulement vous avoir aimé jadis, monsieur l'abbé, follement aimé.

Car la femme simplement coquette n'eût jamais tendu le piège félin où je vous amenai... vous en souvient-il encore?...

C'était par une belle après-midi... Vous étiez venu me faire votre visite habituelle. Mais je ne vous offris pas votre fauteuil, ce jour-là, — votre bon fauteuil de prédilection... Je vous voulus à mes côtés, sur le divan, où, assise, j'ourlais des chemisettes pour vos pauvres.

— Comment les trouvez-vous? demandai-je en vous montrant les petits travaux.

Et je m'approchai... Vous reveniez de votre promenade quotidienne; votre soutane fleurait bon le grand air et les verveines qui embaumaient le jardinet du presbytère. Je m'approchais toujours; nos mains se frôlaient, se croisaient, tournant et retournant la chemisette. Je me baissais doucement, mettant à découvert ma nuque lavée de parfums. Je vous sentais envahi par le trouble qui m'affolait; vos mains tremblaient; votre peau blanche se teintait d'écarlate. Je tournai alors de votre côté ma petite figure chiffonnée. Feignant de vous interroger, mes yeux fouilleurs enfoncèrent dans les vôtres deux longs regards. Ce fut le coup de grâce! Pauvre monsieur l'abbé, vous n'y pûtes tenir... Nos lèvres si rapprochées instinctivement s'unirent — Dieu me pardonne!

Mais ce ne fut qu'une minute d'oubli. Presque aussitôt, violemment, je vous sentis vous arracher à cette étreinte. J'ouvris les yeux, mais la portière du boudoir était retombée sur vous...

Depuis, je ne vous ai plus revu. Sur votre demande, votre évêque vous a nommé à une autre cure... Vous avez fui... Où êtes-vous? Le remords de ce simple baiser vous poursuit-il encore? Êtes-vous de ce monde? Avez-vous pris votre vol pour l'au-delà?

Moi, je n'ai plus aimé depuis. J'ai tâché d'oublier. Je ne vais plus à l'église pour ne point voir en l'atmosphère des encensoirs votre image très chère. Mais ce souvenir me reste toujours; il m'obsède. Folle que j'étais!... J'ai peut-être troublé la sérénité de toute votre sainte existence... Et ce doute me fait mal!

Tout à l'heure, en voyant passer là-bas, sur la chaussée boueuse, un bon vieux prêtre voûté, cassé, j'ai cru vous voir tel que vous devez être si vous vivez. Et mon cœur de vieille femme en a saigné...

A mon âge, je voudrais sourire de cette peccadille passée et j'en pleure...

LA FIN DU TORÉADOR

Six heures... Le crépuscule tombait, enveloppant la ville de brumes molles et discrètes. Au couchant, un peu de poussière de soleil voltigeait encore ; à l'orient, la lumière se mourait dans le bleu pâli du ciel. Dans l'air calme, quelques hirondelles montaient et descendaient, guettant la pâture de chaque soir, et leurs cris menus troublaient seuls le silence de l'immense *plaza*. Du dehors montaient aussi quelques bruits confus de foule, mais le monstre de pierre dormait.

Fini, le grouillement de l'après-midi ; éteintes, les voix qui clamaient en un large désordre, tandis que le flamboyant soleil embrasait la blonde arène tachée de sang. A cette heure mystérieuse, les arcades se liant sans fin semblaient tristes, lamentables. Ce vide jurait avec l'orgueil du décor. Les ruines géantes du passé deviennent imposantes dans la demi-clarté du jour mourant. Mais ce monument trop neuf avait besoin de rayons et de houle humaine pour demeurer grand. Ainsi, il prenait des allures de parvenu étalant de prétentieuses breloques sur son ventre trop gavé.

C'est, du moins, la vague impression que ressentait, en bas, le toréador abîmé sur une banquette. Sa *plaza* lui paraissait morne, et c'est mélancolique qu'il regardait, couronnant les galeries hautes, les oriflammes rouge et jaune que penchait à peine la brise nonchalante.

Ah ! ces gradins massifs, il les avait vu souvent disparaître, tapissés de têtes innombrables... Ces oriflammes, il les avait aperçues, fières et tumultueuses, sous la violence des quatre vents. Maintenant, il n'assisterait plus à ce large spectacle. C'était la fin pour lui. Il l'avait bien senti, tantôt, lorsque, devant les *afficionados* assemblés, sa main avait eu la première défaillance. Les trompettes venaient de sonner le chant de mort. La bête lardée de coups de pique, l'échine saignante sous les banderilles aiguës, il l'avait amusée de sa rouge *muleta*. C'était un beau taureau puissant, élevé dans la meilleure *ganaderia* de la province.... Un vrai régal de *prima spada*. Pourtant, quand l'animal, savamment amené, s'était planté en face de son adversaire, les jarrets tendus, la tête basse, prêt à fondre sur lui, l'homme avait faibli. Son œil avait visé juste: mais le bras s'était engourdi; il avait dû retirer la lame qui n'avait point atteint le cœur et donner un second coup pour faire un cadavre...

La foule n'avait point protesté. Se souvenant qu'il était son favori toujours vainqueur, elle lui avait épargné les lazzi et les injures.

Mais l'orgueil du toréador — célèbre entre les célèbres — avait été cruellement blessé par ce glacial silence. Et en ce moment, tandis que ses collègues se montraient à la ville dans les landaus de parade, lui songeait, seul dans l'ample amphithéâtre.

Certes, cette minute d'insuccès n'aurait pas dû l'affecter de la sorte. Ce n'avait été qu'une simple détente nerveuse, comme il arrive fréquemment aux mâles qui abusent de leur force. A la seconde estocade, d'ailleurs, il avait brillamment pris sa revanche et la galerie avait rendu justice à sa maîtrise. Malgré ces raisonnements, cependant, un secret pressentiment lui suggérait qu'en cette après-midi avait sonné son premier glas de vieillesse. Et il méditait, malgré lui, à la retraite proche. Car son amour-propre n'aurait pas toléré une seconde faiblesse. On a la fierté au cœur, en Espagne, surtout pour tout ce qui touche à ces violentes virtuosités. Son passé, sa réputation de gloire lui interdisaient d'être deux fois inégal. Mieux valait se retirer en pleine apothéose...

Du reste, sa carrière avait été longue et bien remplie. Depuis quinze ans qu'il côtoyait la bête redoutable, il avait drainé assez de triomphes pour rentrer dans la coulisse.

Et le toréador songeait aux nombreuses épées qui décoraient ses murs, là-bas, dans le riche hôtel qu'il avait fait élever sur les ruines abattues de l'humble ferme paternelle. A chaque animal vaincu, il ajoutait une lame. C'étaient ses brevets, à lui, ses trophées dont la contemplation lui faisait relire délicieusement sa vie tourmentée.

Ah! il ne prévoyait point sa rouge destinée, le soir, où, gamin, gêné dans la blouse bleue des fils du peuple, il avait, pour la première fois, posé le pied dans l'arène. C'était aux *novilladas* de sa ville. Avec les camarades, il avait sauté dans la piste et approché un jeune taureau, agaçant l'innocente bête, s'accoutumant déjà à sa fumante haleine et à ses bonds désordonnés. Dès ce soir-là, il avait senti comme le besoin de se rapprocher d'elle et de la dompter. Son âme d'enfant, regrettant presque de n'être pas plus forte, enviait les fiers lutteurs qui, aux jours de fête, foulaient le sable jaune dans leurs costumes étincelants. La vocation germait en lui, — la vocation faite d'orgueil brutal et de coquetterie cabotine.

Si bien qu'un matin, il s'était mêlé aux *toreros*, leur demandant conseils et leçons. Il avait travaillé avec cœur, étudiant la bête, son instinct, son horreur pour l'écarlate. Souple et agile, il avait appris les poses élégantes et sobres, les coups de reins onduleux, les sauts coquets, les enveloppements de *capa*. Et, le cœur battant, il avait enfin figuré dans une *cuadrilla*, s'essayant officiellement à la pose des banderilles frisées. Depuis, il avait couru de succès en succès. Peu à peu, il avait découvert les secrets de la *muleta* et après avoir d'abord donné l'alternative aux célébrités, il leur avait, au contact, volé leur gloire. Depuis huit ans, il les dépassait.

Les belles soirées, par saint Jacques!... lorsqu'à la sortie, le peuple attendait sa voiture pour l'escorter. C'était une folie générale. Les hommes voulaient le voir de près ; les femmes se pâmaient devant sa face énergique taillée à larges traits. On le conduisait ainsi chez l'alcade, parfois chez le gouverneur de la province où l'on offrait des dîners superbes en son honneur. On le harcelait de cadeaux : les brunes et chaudes mañolas sentaient leur peau grésiller à l'approche de ce solide gars. Leur instinct de femelle amoureuse de la force leur insufflait le désir de cette peau encore parfumée par la fauve haleine du taureau. Elles ne s'abandonnaient pas, elles s'offraient ; c'est lui qui voulait bien se donner...

A ces souvenirs, une ardente bouffée montait au cerveau du toréador. Il se saoûlait de pensée. Quoi?... Il renoncerait à tout cela, aux acclamations des masses, aux œillades des femmes dont sa vue allumait la chair, à la lutte avec l'animal dont l'approche, transfigurant son être, lui causait l'intense jouissance?...

— Non, ce n'est pas possible, dit-il.

Et se levant brusquement, il sortit de l'arène désolée sur laquelle vibrait maintenant le fourmillement des étoiles blanches...

... Le lendemain, une nouvelle *corrida* avait lieu. Sous le lourd soleil, la *plaza* s'était reprise à vivre de la vie des milliers de poitrines qui haletaient devant l'empoignant spectacle. Comme il l'avait décidé, le toréador était là, magnifique sous les chamarrures papillotantes de sa petite veste. L'œil attentif, la main prompte, il surveillait ses hommes, les protégeant des mauvais coups, ou s'amusant parfois à des passes habiles. Jamais il ne s'était senti en pareilles dispositions. Le sang fluait vigoureux dans ses artères et son bras avec sûreté avait abattu un premier taureau.

Le moment était maintenant venu d'en immoler un second. La sonnerie de *muerte* s'éteignait dans l'air. Son chiffon éclatant sur le bras, sa souple épée essayée, il venait de jurer au *señor présidente* d'abattre la bête exaspérée. Et les cris heureux de la foule le remerciaient d'avance. Il s'avançait, hardi, en face de l'ennemi, l'obligeant plusieurs fois à fondre sur l'aveuglante loque écarlate. Toute l'assistance s'était tue, ne perdant plus un mouvement des deux personnages du drame.

Or, en cette minute suprême, une bizarre sensation s'empara du toréador. Ce religieux silence le glaçant, son énervement tomba soudain et, devant l'animal ramassé, tandis qu'il visait le garrot, son bras se raidit. Il réagit pourtant, et, se redressant, lança en avant le fer déjà levé. Mais le coup avait porté à faux et, dans un brusque écart, la bête bondissante fit glisser l'arme hors de la plaie.

Alors, anéanti, perdu, incapable de survivre à cette honte, le toréador salua le public muet. Et croisant ses bras, il se jeta sur son adversaire furieux.

Les cornes recourbées entrèrent dans ses

membres abandonnés. Et le corps, très haut enlevé dans l'espace, retomba lourdement sur le sol, sa rude carcasse pour jamais brisée, tandis que la foule ivre applaudissait et criait : *Bravo toro !...*

PAS COMME LES MOINEAUX

Pour profiter de cette journée superbe, ils étaient sortis — beau jour d'automne, doux, morbide, nouveau pour eux...

Car ils étaient frais débarqués en ce vieux Septentrion africain, rajeuni par nos soldats et nos paysans. Depuis quelques mois seulement s'était révélée à leurs yeux la blanche et lumineuse féerie d'Alger et pour eux chaque jour encore avait son étonnement.

Cet automne naissant surtout...

En vain évoquaient-ils les jaunes tristesses de la campagne française, la rouille rongeant et tordant les feuilles, la bise les balayant en un sabbat éperdu, l'ondée suspendant ses gouttes grises aux branches nues et convulsionnées. La féconde nature des étés ne s'abîmait point en une mort aussi tourmentée que là-bas.

C'était plutôt une blanche agonie de vierge ou de sainte qui disparaît sans crise, comme souriante, à l'espoir d'une résurrection proche. Le soleil éparpillait en l'air une poussière d'ambre plus blonde. Au ciel, l'azur avait pâli. Mais l'astre avait encore de tièdes et enveloppantes caresses pour les grands arbres demeurés verts et, sur les talus bordant sentes et grands chemins, s'éployait le velours de fraîches mousses ..

Pour mieux s'imprégner de cette algérienne atmosphère, ils avaient battu les environs, bras dessus, bras dessous, comme deux nouveaux épousés de six mois, s'arrêtant au moindre détail inédit.

*
* *

Maintenant, las de buissonner, ils étaient revenus au boulevard. Le crépuscule se hâtait. Le soleil avait cabriolé derrière les collines hautes, dont les eucalyptus assombris frangeaient l'horizon. En face, de la mer paisible, montaient de diaphanes buées... Vrai fond d'aquarelle, avec le cap Matifou se voilant, au très loin, d'une gaze aux tons adoucis de fin lilas et de rose-thé.

Une langueur vague flottait dans l'air. Fatiguée du va-et-vient banal des promeneurs :

— Allons nous asseoir au Square, dit-elle.

Et lui, complaisant, consentit.

Le jardin, baigné de demi-jour finissant, était encore animé. Les bébés avaient disparu — l'humidité leur est mauvaise ; — avec eux, aussi, les bonnes jeunettes, les nourrices enrubannées et les ânons de l'enfantine voiture. Mais quelques dames restaient encore à bavarder, tandis que, sur des bancs, rêvassaient quelques vieux retraités et que, près des grilles, les fringants godelureaux épiaient le passage des ouvrières à rendez-vous.

Ils s'assirent côte à côte, tournés l'un vers l'autre, mais sans causer, un besoin de silence et de pensée les prenant en face de ce décor reposé.

— Te souviens-tu? fit-elle pourtant après quelques minutes...

Et elle lui rappela l'époque où, seulement fiancés, ils se rencontraient dans d'autres squares, là-bas, vers la populeuse capitale.

La conversation engagée se continua ainsi en demi-teinte, alimentée par ces souvenirs encore récents et pourtant à demi effacés et brouillés par la large mer qui les éloignait de leur cher Paris....

* * *

Perdus dans cette vision du commun passé, ils ne songeaient plus à rien de ce qui les entourait.

Cependant, dans les palmes paresseuses, une révolution s'était faite. Tout un monde venait de s'éveiller, là-haut, joyeux et babillard. C'était la colonie des moineaux. Comme chaque soir, en piaillant, ils sortaient de leur torpeur, secouaient leurs ailes engourdies et couraient aux provisions.

Ils étaient légion ; il en venait de tous les coins. Des vols entiers arrivaient de Mustapha et de Bab-el-Oued, pointillant le ciel de leurs taches brunes. On eût dit d'un rendez-vous général, d'un meeting monstre. Et quel tapage, grand Dieu !... Une jaserie sans fin, non pas monotone ni assourdissante, mais vive, alerte, spirituelle, coupée de cris menus, — rires d'oiseaux, probablement...

Ce ramage finit pourtant par attirer l'attention du couple causeur. Ce fut Elle qui l'entendit la première et, battant des mains, comme une pensionnaire :

— Oh ! dit-elle, des pierrots !...

Il leva la tête et aperçut les petites bêtes

alignées en brochettes sur les branches balancées.

— Il y en a autant qu'à Paris, observa-t-il simplement.

Et tous deux se mirent à contempler ce tableau plein de vie. Les pierrots — comme elle les appelait — allaient, venaient, zigzaguaient dans l'éther gris perle. Les uns, nourrissons, peu sûrs d'eux-mêmes, étaient accompagnés. D'autres, plus mutins, se poursuivaient comme des écoliers en récréation. D'autres enfin, plus sérieux, — plus vieux, peut-être, — volaient à la corvée de vivres. Comme les maisonnées humaines, les nids ont leur huche qu'il faut remplir !

***

Ils firent, tous deux, ces comparaisons. Elle surtout, qui se rappelait les après-midi d'hiver passés à Paris, derrière les vitres troubles. Combien de fois, tandis qu'elle cousait ou brodait, avait-elle vu les moineaux — amis du pauvre et parias eux-mêmes parmi les oiseaux — voleter sous ses fenêtres ! Ils venaient en frissonnant se poser sur les toits mouillés, penchaient leur bec mignon sur les gouttières ou furetaient pour découvrir la pitance de la nichée.

Elle songeait aussi aux matins clairs de printemps. C'était la saison heureuse pour les pierrots. Leur vol semblait alors plus léger, plus alerte. Ils se rencontraient souvent deux et à fréquentes — oh! très fréquentes!... — reprises, se rapprochaient, avaient l'air de causer, de se becqueter. Même qu'en les regardant, ses grands frères — elle s'en souvenait maintenant — riaient entre eux, sans lui dire pourquoi...

Pourquoi ?... Elle comprenait aujourd hui et voici qu'une pensée folichonne traversait son cerveau :

— Mon Georges... dit-elle.

Mais elle s'arrêta rougissante. Elle n'osait pas...

— Qu'y a-t-il? lui demandait pourtant son mari.

Alors, au hasard :

— Voici la nuit, continua-t-elle. Il serait peut-être temps de rentrer.

Ils se levèrent. Sa drôle d'idée était pourtant toujours dans sa jolie tête, obsédante.

A la fin, n'y tenant plus :

— Mon Georges, répéta-t-elle... Pourquoi les maris... Pourquoi les hommes... Pourquoi toi...

— Pourquoi quoi? Que veux-tu dire ?

Alors, chatte, elle se pencha vers lui, suspendue à son bras, et en le regardant longuement, elle acheva à voix basse :

— Pourquoi pas comme les moineaux, dis?...

LETTRE D'UN DIVORCE

C'est enfin chose faite, mon cher ami. Le jugement est rendu. Depuis tantôt quatre heures, ma femme a repris son nom de jeune fille. Mon honneur est sauf.

Mon honneur... Ah ! je tremblais pour lui depuis cinq mois que durait l'affaire. Le colportage des potins est si rapide aujourd'hui que je redoutais sans cesse une indiscrétion. Pense donc, si la galerie avait appris la vérité ! Si elle avait su le motif exact de mon divorce et que ma femme m'avait trompé avec le Mairan ! Quel scandale ! Et comme les bonnes petites langues s'en seraient donné. Elles n'auraient pas manqué de commenter à leur façon mon attitude patiente. Parce que j'ai raisonné mon acte, parce que je n'ai point été le passionnel bourgeoisement tragique, elles m'auraient sans doute raillé. Elles auraient ri de mon aventure et, — qui sait? — peut-être auraient-elles donné raison à la coupable de s'être moquée d'un mari qui ne tue point...

Et pourtant, toi qui connais tout, toi dont j'ai fait mon plus intime confident, tu sais si je me suis loyalement et dignement conduit. M'affoler, prendre un révolver, en frapper lâchement la misérable?... Non! c'eût été un ignoble assassinat, une boucherie. Car je n'avais point l'excuse de l'avoir surprise avec *l'autre*. C'est par le hasard d'une lettre égarée, que des soupçons m'étaient venus. J'avais interrogé aussitôt Jeanne. Et elle, surprise, se croyant perdue, avait avoué. N'eût-ce point été une atroce lâcheté de l'étendre froidement à mes pieds?...

D'ailleurs, était-ce bien à moi de poser en justicier, à moi qui, jadis, à l'âge inconscient où l'on joue avec les choses les plus saintes, m'étais follement amusé de l'honneur d'autres hommes? En toute conscience, en avais-je le droit? Et puis, moi aussi, n'avais-je pas été infidèle ? Pour faire complet examen de conscience, ne me faut-il pas avouer que je la trompais avec d'autres et la négligeais? Et alors ne dois-je pas me demander si elle n'en sut jamais rien, si par mon demi-abandon je ne la jetai pas moi-même dans les bras de l'amant?

Tous ces points d'interrogation se sont dressés en ma pensée et ce sont eux qui ont arrêté mon bras. Ils m'ont fait songer qu'en frappant je serais vil. Et j'ai fait grâce, me contentant d'une définitive séparation.

Je risquais, il est vrai, les racontars de la foule désobligeante, les plaisanteries niaises qui font saigner l'amour propre, les jugements faux de ceux qui ne raisonnent point. Mais le hasard s'est montré indulgent. Personne n'a rien su. Nos amis ont cru au motif officiellement invoqué pour nous désunir et me voilà enfin déchargé de ce poids immense.

Tu vas probablement t'en réjouir pour moi, et — si les mots parfois n'avaient leur ironie — tu m'en féliciterais presque... Eh bien ! non. Je me retrouve, ce soir, plus triste que jamais. Jusqu'à présent, mon esprit se distrayait des mille détails d'une complexe procédure. Paperasses et démarches m'occupaient. En courant chez les hommes de loi ou en signant des papiers timbrés, il me semblait échafauder ma vengeance et l'instinct mauvais que nous portons tous éprouvait en moi je ne sais quelle fausse jouissance. J'attendais, du reste, le dénoûment et l'impatience m'était du plaisir. Mais aujourd'hui, au lieu d'être satisfait, des envies me prennent de pleurer comme un enfant. Ma gorge se resserre et je me sens comme un grand trou noir au cœur.

Pourquoi?... Eh ! mon Dieu, le sais-je moi-même? Suis-je bien capable d'analyser les causes multiples qui me font me morfondre ainsi ?

Il y a, d'abord, le côté matériel de ma nouvelle position. Jusqu'hier encore, dans mon intérieur silencieux, j'étais à peu près dans la situation du mari habitué à sentir sa maison pleine et que sa famille vient de quitter pour quelque temps. Je devinais du vide autour de moi : mais il ne me semblait pas irrévocable.

Ce soir, au contraire, il y a du deuil en moi. Je me compare au veuf pour jamais esseulé. Mon bureau ne m'a jamais paru si grand ni si froid. Un peu de mort hante les murs, et je n'ai plus aucun espoir de l'en chasser. Or, à mon âge, la solitude est chose lourde.

Quand on est jeune et garçon, le détail est sans importance. On vit si peu dedans et, grâce au besoin de plein air et de distractions, on connaît si peu la valeur du *home!*... Mais quand on en a goûté ; quand, plusieurs années durant, on s'est habitué à cette tiédeur du

« chez soi »; quand on a fraternisé avec les bibelots et les petits riens qui l'encombrent, n'est-il pas dur de n'y plus retrouver celle dont la présence animait ces choses inertes? N'est-il pas pénible de se dire que l'âme du logis a fui?...

Au moins, le veuf a-t-il la ressource de songer que la disparue était belle et pure et qu'à nul autre elle ne pourra créer cette douce atmosphère d'intimité... Tandis que moi... puis-je le certifier? Ma pensée ne se représente-t-elle pas plus justement Jeanne ailleurs, recommençant une vie gâchée?...

Tu me diras que je ne l'aime plus après ce qui s'est passé. C'est vrai. Mais, vois-tu, quelque cassure qui se produise entre deux êtres quelque temps liés, il leur reste toujours un point de contact. On n'a point partagé plusieurs années d'existence sans qu'il en demeure quelque chose — ne serait-ce que du souvenir. Et de ce je ne sais quoi infinitésimal, se forge un regret vague mais douloureux.

Alors je me demande parfois si, de son côté, Jeanne ne subit point la même impression ; si, par instant, elle ne pense pas à moi. Car, somme toute, peut-elle franchement aimer *l'autre*, celui qui a désorganisé sa vie pour la satisfaction d'un désir de brute ? N'est-il pas plus probable que mon honnête attitude a touché son cœur féminin et lui a fait prendre l'amant en horreur ? A la sortie de l'audience, tandis que, pour la laisser passer, je m'inclinais correctement, — comme devant toute femme — elle a eu pour moi un regard étrange, presque triste. Ce regard ne serait-il pas l'expression du repentir ?

Aussi ma tête se perd-elle. Pour un peu, je me reprocherais de ne lui avoir point pleinement pardonné. Je me demande si, après tout, c'était une passion sincère et durable qui la liait à *l'autre*, si ce n'était pas plutôt un caprice — comme tous les maris s'en passent, sans pour cela adorer moins l'épouse et les moutards... Et, quand je pense à tout cela, je me pose cette question : demain, ne deviendrai-je pas l'amant de ma femme?...

Mais non... ce serait jouer le vaudeville et je suis voué au drame... Car je suis triste affreusement, triste à regretter de ne point l'avoir tuée et m'être tué moi-même... Je ne souffrirais plus au moins... C'est si bête et si mauvais, la vie!

MINUTE DE RÊVE

Alger... Le lourd soleil commence à décliner. Dans le cadre de la petite cour mauresque aux corniches rongées de mousse, se découpe un carré de ciel pâli d'aquarelle. Adieu les bleus crus et chauds que, brutalement, font vibrer les rayons de midi. En l'éther flotte comme une buée diaphane. L'heure nonchalante de la sieste est enfuie et venue l'heure du travail...

— Aïcha! Fathma!... crie une voix graisseuse de vieille.

Et, par la galerie supérieure, les femmes, en s'étirant, penchent leurs deux figures — jumelles sous le fard criard des joues et l'arc noir des sourcils. Puis, lentement, elles descendent l'escalier irrégulier, mal badigeonné de bleu et, à chaque marche, seins et hanches tressautent, tandis que sonnent leurs bracelets et les faux sequins qui pendent à leurs colliers.

En bas, par le judas discret de la porte, entrent les vagues bruits de la rue sortie de son assoupissement. Les deux femmes se sont installées sous les arceaux humides de la cour. Accroupies sur une large natte, elles tuent les heures, effeuillant de courts chapelets de jasmins et de narcisses, ou fumant du bout de leurs lèvres carminées des cigarettes parfumées de musc.

Soudain, d'un café voisin, arrive, affaibli, presque mourant, un refrain oriental esquissé par un hautbois pleureur, que rythment de sourds battements de derbouka. Un sourire éclaire aussitôt leurs visages ennuyés. En leur brin d'âme primitive monte comme un besoin inexpliqué d'idéal. Elles chantent, brochant sur la lente mélopée, dont la brise leur apporte le murmure, une vieille légende apprise jadis — sorte de rapsodie dont chacune dit à son tour un verset, de sa voix d'enfant maladive :

*
* *

— Ahmed, clame Aïcha, Ahmed était beau et fort. Toutes les femmes l'avaient remarqué, tandis que, par les champs, il galopait sur son petit cheval rapide. Mais il n'avait jamais répondu aux signes qu'elles lui faisaient derrière leurs fenêtres grillées, quand leur mari était absent. Car Ahmed était amoureux...

— Ahmed, continue Fathma, Ahmed était amoureux... Il aimait la brune et chaude Kradidja qui rêvait souvent de lui, tandis que, par les champs, il galopait sur son petit cheval rapide. Mais Kradidja était la fille du Cadi et il fallait beaucoup d'or pour l'acheter et l'épouser... Ahmed était pauvre...

— Ahmed était pauvre... Son cœur n'en battait pas moins pour la fille du Cadi. Un jour Kradidja l'aperçut par les champs, qui descendait de son petit cheval rapide. Il venait la demander à son père. Mais le Cadi la lui refusa... Ahmed partit désespéré...

— Ahmed partit désespéré... Depuis ce jour, Kradidja ne le vit plus, par les champs, galoper sur son petit cheval rapide. Une amie apprit à la fille du Cadi que son amant avait disparu et elle disait vrai... Ahmed ne revint plus... Ahmed était fou...

— Ahmed était fou... C'était maintenant dans d'autres tribus que, par les champs, il galopait sur son petit cheval rapide et, en passant, il appelait toutes les femmes Kradidja. Un jour, il s'en trouva une qui se nommait ainsi. Elle le vit beau et fort... Ahmed en fut aimé...

— Ahmed en fut aimé... Dans sa folie, il

croyait que c'était la vraie Kradidja. Avec lui, il l'emportait et, par les champs, galopait sur son petit cheval rapide. Mais, un matin, un peu de raison lui revint. Il reconnut qu'elle n'était pas la fille du Cadi et la tua de colère... Depuis Ahmed resta toujours fou...

*
* *

Les deux femmes se sont tues, rêveuses... Tandis qu'à côté le hautbois gémit toujours, toutes deux songent au puissant cavalier, à la brune et chaude Kradidja... peut-être à l'amour qu'elles ignorent...

Mais quelques mots s'échangent par le judas discret. La grosse porte s'ébranle lourdement. Un homme entre...

— Ti prends café?... demande Fathma, en se levant souriante...

Et Aïcha, avec un geste obscène :

— Moi bono, chéri...

MENEUR

La nuit venait. L'ombre qui tombait du ciel vague se pointillait de flammes de gaz dont le macadam mouillé reflétait le tremblement jaune. Les magasins s'illuminaient. Sur les boulevards tumultueux montait le flux des flâneurs. Les cafés s'emplissaient.

Soudain, une voix de camelot se fit entendre :

— La *Gazette*, édition spéciale. Demandez le supplément. Détails complets sur l'attentat à la dynamite...

D'autres voix firent écho et bientôt toute la coulée humaine, qui emplissait le cœur du Paris parisiennant, fut assourdie par les appels des marchands formés en équipes. En servant la clientèle curieuse et intriguée, ils redoublaient leurs cris. Et ce brouhaha, joint à l'empressement de la foule qui s'arrachait les feuilles encore moites d'impression, composait un tableau de vie intense.

Tout d'abord, Lathour n'avait point cru à la nouvelle :

— Réclame de vendeur, avait-il pensé.

Mais par satisfaction personnelle, il s'était approché aussi et avait acheté le journal. C'était vrai pourtant... La dynamite venait encore de parler, là-bas, dans un pays de noirs mineurs. Un exalté des doctrines sanglantes avait voulu les réaliser contre l'un des porions. Il avait placé une cartouche devant son logis et allumé la mèche. L'engin avait éclaté, lézardant les quatre murs et révolutionnant l'intérieur, mais personne n'avait été blessé, hormis celui qui avait machiné l'infernale tentative.

— Pauvre fou, songea Lathour en un premier mouvement de pitié.

Son âme bonne plaignit le malheureux qu'avait armé un mythe faux et aveuglant au point d'attenter contre un semblable, quitte à être soi-même la victime. L'acte était criminel ; il ne pouvait l'excuser ; mais il en raisonnait l'irraisonnement. Il reconstituait l'état d'âme de ce cérébral détraqué. Il se le représentait miséreux et souffrant, aigri par l'impossible existence, irrité par la faim et le besoin, envieux du voisin qui mangeait et jouissait. Il comprenait l'empire de l'idée violente sur un tel individu. En un milieu de culture si propice, elle ne pouvait que rapidement germer et se développer. A force d'en emplir son intelligence, le pauvre diable l'avait dépouillée de tout ce qui la rendait révoltante à ses yeux. Un rêve de juste vengeance, de martyre peut-être, l'avait travaillé et c'était insensiblement devenu pour lui l'auto-suggestion à laquelle ne résistent que les volontés fortes et dont un rien fournit l'occasion. Ce rien s'était produit en une heure trop favorablement amenée par le hasard souvent immoral des choses. Presque inconsciemment, le geste mimant la pensée, la main avait agi... et jailli l'étincelle tueuse.

Ainsi, Lathour psychologuait sur l'halluciné. Et tandis que la foule effarée maudissait l'homme, lui, s'isolant de ce concert de craintes bourgeoises, s'était replié en lui-même et réfléchissait à la terrible responsabilité des meneurs. C'étaient eux, les vrais coupables, dont la plume et la parole propageaient ces spécieuses théories, d'autant plus dangereuses qu'elles flattent le bas instinct de l'homme. Pouvaient-ils sincèrement croire à leurs arguments ?... Il n'en aurait point juré. Les uns étaient des névrosés, des poètes dont l'imagination perverse entrevoyait une société idéale qu'ils peignaient sous de tentantes couleurs. Les autres s'étaient laissé captiver par ces flottantes chimères et, cherchant leur réalisation, n'avaient découvert que le moyen radical, — la table rase de la gent heureuse. Et, de pair, tous avaient marché à la conquête des masses impressionnables, dont quelques individus s'étaient trouvés prêts à l'œuvre du néant.

A ce penser, un sentiment indigné avait peu à peu envahi Lathour. Calculant le mal immense préparé par ces semeurs d'idées folles, il eût voulu être plus qu'un homme pour avoir la puissance d'endormir ces intelligences indisciplinées et de briser ces talents séduisants qui paraient à plaisir les plus malsaines inspirations. Car il avait l'idolâtrie de l'humanité. Philanthrope, il avait passé sa vie à songer aux autres et à chercher le bien universel. C'est ainsi que, douloureusement ému par la souffrance des foules, indigné de l'égoïsme parfois féroce de la bourgeoisie dont il sortait, il s'était peu à peu laissé prendre par le courant socialiste.

C'était surtout à ce titre qu'il protestait maintenant contre l'anarchisme assassin. Ah !

que son parti différait de la secte homicide !

Il n'était point individualiste et ne cherchait nullement la satisfaction d'un seul, ni l'abandon de chacun à l'instinct que ne bride plus la loi. Il voulait le sourire des collectivités, la joie de vivre pour tous. Il souhaitait le nivellement,, volant leur pléthore à ceux qui abusaient du superflu et offrant le nécessaire à ceux que le sort a dépouillés ou oubliés. Pour y atteindre, il avait fait le sacrifice de tous ses désirs. Homme de cabinet, à l'aise en l'atmosphère paisible de sa bibliothèque, adorant le commerce fortifiant des auteurs dont les livres s'y alignaient, il avait renoncé à son passe-temps favori. Malgré son horreur pour l'asséchante politique, il s'y était lancé et avait brigué les mandats électifs. Un à un, il avait gravi tous les degrés de la vie publique, se formant, lui timide, à l'art de la parole et combattant tous les besoins de sa douce nature pour prendre, farouche, la défense des humbles.

En ce moment, il revoyait les étapes déjà

parcourues et, songeant au résultat obtenu, il eut un soupir accablé. Qu'avait-il fait après tout? A quoi avaient servi ses luttes et ses peines? Il avait pansé quelques plaies autour de lui, mais la blessure sociale saignait plus large que jamais et plus brûlante.

Bien mieux, en cette minute, tandis que dans l'air du soir il lui semblait que le vent portât une odeur mourante de dynamite, des scrupules s'emparèrent de Lathour. De cette œuvre de mort et de crime n'était-il pas un peu ouvrier aussi? Son âme était tendre et honnête. C'est sincèrement qu'il avait toujours travaillé. Mais les moyens employés n'avaient-ils pas été à l'encontre du noble but entrevu? Chaque fois qu'un conflit avait surgi entre travailleurs et employeurs, il avait pris fait et cause pour les premiers. Courant de hameau en hameau, dormant peu, mangeant à peine, il s'était mis durant les grandes grèves à soutenir les faibles. De sa voix berceuse d'apôtre, il les avait encouragés et consolés. Contre les compagnies arrogantes, il s'était dressé menaçant et terrible. Il avait plaidé pour le malheur et demandé — parfois même exigé — son adoucissement. Et jamais l'ambition ne l'avait guidé. C'était un désintéressé.

A quoi pourtant était-il arrivé ? A la résistance des gueux qu'il avait ainsi fait fuir de l'usine et chômer durant plusieurs jours. Rien de plus. Et un remords l'en prenait presque, car il songeait soudain aux familles éplorées qu'il avait ainsi privées de pain. Puis... cette idée de résistance qu'il avait soufflée à la plèbe, n'était-elle point le recommencement de la lutte fatale des classes, le fossé creusé plus profond entre l'orgueilleux capital et le travail ? En la prêchant, n'avait-il pas préparé le terrain aux révoltés dont le mot d'ordre n'est plus : « bonté, » mais « vengeance et représailles » ?

Oui, il le sentait bien maintenant, ces anarchistes qu'il répudiait tantôt et condamnait, étaient fils de son socialisme. Il leur avait ouvert les voies avec ses formules d'indécise charité. Lui aussi était un meneur.

Alors, effrayé, plein de rancœur contre lui-même et contre l'impuissance des hommes, il déchira le journal acheté un instant avant. Quelques fragments tombèrent sur le sol. La brise en emporta quelques autres qui tournoyèrent un instant au-dessus de sa tête. Mais aucun ne suivit un vol semblable. Et s'amusant à contempler la course différente de ces bouts de papier, Lathour comprit que tout, dans le cosmos, a son destin spécial et son inéluctable affectation :

— Inégalité, songea-t-il...

Et triste, il reprit sa route...

L'ENFANT

Il ferma brusquement sa fenêtre, furieux du mouvement de la rue qui s'engouffrait bruyant dans son entresol, impatienté par le va et vient des passants parmi lesquels il ne *la* voyait pas. Nerveux, il arpenta son fumoir, capitonné de lourdes tentures et bourré de bibelots de prix — sorte d'oratoire où il aimait rêvasser.

— Elle ne viendra pas, maugréa-t-il.

Il se jeta sur son divan où traînait, jetée là comme par oubli, une antique chasuble de soie précieuse aux teintes décolorées. Il approcha une petite table arabe en marqueterie de nacre, y prit un tabac blond et s'allongea en roulant une cigarette. Ce lui servit d'amusette pendant quelques minutes. Il suivait les spirales de fumée légère, bleu pâle, qui tourbillonnaient, devenaient peu à peu diaphanes et s'évanouissaient insensiblement, ne laissant que leur lourd parfum oriental.

— Ainsi vont nos désirs et nos rêves, philosopha-t-il.

Puis, ayant remarqué que la fumée, qu'il soufflait après l'avoir tenue dans sa bouche, jaillissait plus dense, grisâtre, comme chargée d'impures vapeurs :

— Que l'homme, murmura-t-il, salit tout ce qu'il approche !...

Et sa pensée revint aux préoccupations qu'il avait réussi à tromper un moment. Il songea à celle qu'il attendait, à cette madame Dubreuil qu'il espérait posséder dans quelques instants. Il allait la salir aussi...

— Dire que je m'étais juré de ne jamais toucher aux femmes mariées...

Car il s'était fait bien souvent ce serment. Dans les conversations entre amis, on l'avait même raillé de ce puritanisme dont il aimait se vanter.

— Tu y viendras comme les autres, lui avait-on prédit un jour...

Et il y était venu insensiblement, malgré ses scrupules et ses luttes. Très répandu, il avait rencontré madame Dubreuil dans un salon. Causeur brillant, pur dilettante, il avait tout de suite conquis cette jeune femme dont le modernisme original et quelque peu artiste l'avait lui-même séduit. Ils s'étaient revus souvent, avaient pris plaisir à flirter, à jongler imprudemment avec le feu, à converser de tout en hommes. Et peu à peu, sans s'en rendre compte, il s'était laissé prendre.

Un jour, en s'auscultant, il avait dû se l'avouer et, repris par ses frayeurs d'honnêteté, il avait cessé de la voir. Il avait même fait un petit voyage; mais au retour, l'ayant rencontrée par hasard, il s'était senti remué, lanciné par l'âpre désir de renouer et, dépouillant ses dernières hésitations, il s'était pleinement livré à la joie de l'aimer.

Il n'avait point eu encore son corps dont il ressentait pourtant le besoin, mais aujourd'hui n'avait-elle pas accepté de venir dans sa garçonnière « pour voir ses tableaux »? Il comptait bien la prendre enfin toute... la salir...

La salir... Ce mot, cette idée de souillure réveilla en lui ses inquiétudes assoupies.

— Je suis ignoble, se dit-il, la femme d'un autre... la femme d'un ami...

Et il eut presque du plaisir à constater que madame Dubreuil tardait de venir :

— Si, au dernier moment, elle n'avait pas osé?...

Cet espoir lui fit du bien. Il songea même à prendre son chapeau, à sortir pour ne pas se trouver là si elle arrivait. Mais ce n'aurait pas été d'un galant homme. Il resta.

— Si elle pouvait manquer au rendez-vous... souhaita-t-il.

A ce moment, la portière se souleva. Sans avoir été annoncée par le valet de chambre, une femme entra précipitamment. C'était elle...

Il se dressa brusquement. Devant cette apparition, toutes ses idées honnêtes s'étaient soudain envolées. Son désir seul lui demeurait, avec une violente émotion qui le faisait tremblant.

Elle s'arrêta essoufflée. — Elle avait tant couru et gravi si pressée l'escalier pour n'être point aperçue !...

— Vous devez dire que je suis folle... Peut-être croyiez-vous que je ne viendrais pas?...

Il ne répondit pas, s'empressant autour d'elle pour la débarrasser de sa longue pelisse fourrée. Lentement, elle dénoua la voilette à pois qui cachait son visage et lui apparut telle qu'il l'aimait, grande, élancée, avec sa peau blanche... Elle avait mis une toilette sombre qui la mincissait encore davantage et de toute sa personne montait un parfum vague et enveloppant qui agaçait l'épiderme. Il eut l'irrésistible envie de l'embrasser. Mais cette hâte eût pu la froisser; il eut peur et s'assit loin d'elle.

Ils causèrent :

— J'ai bien failli ne pas venir, dit-elle; je me suis même un instant repentie de vous avoir promis. Le monde est si méchant! Si l'on me voyait, je serais compromise. J'espérais que M. Dubreuil serait rentré déjeuner et comptais lui demander de m'accompagner faire un tour. Mais à onze heures, j'ai reçu un mot de lui... il mangeait au cercle... des amis à voir, des affaires, comme toujours... Alors...

Elle parlait vite, vite, comme pressée de s'excuser d'être là.

— Il vous délaisse donc? fit-il négligemment, ne trouvant rien autre à dire.

— Vous ne vous en êtes pas aperçu?...

Et elle s'épancha, lui redisant l'abandon dont elle souffrait tant.

Sous cette frêle et mondaine enveloppe, sous ces allures d'évaporée, madame Dubreuil cachait un fond vibrant de sensitive. A peine sortie du couvent, toute à ses illusions de printemps et de jeunesse, elle s'était laissé marier naïvement au premier venu, confiante dans l'homme qui la demandait, le croyant sincère et aimant. Mais les déceptions n'avaient pas tardé à l'atteindre. Sa lune de miel avait été courte. Les affaires, la politique même lui avaient tôt enlevé son mari.

Une maternité hâtive l'avait bien distraite quelque temps ; l'attente de l'enfant, sa venue, les premiers soins lui avaient rendu quelques sourires : mais peu à peu ses souffrances de femme l'avaient reprise et, tout en s'abîmant dans les apparents plaisirs des mondanités vaines, une tristesse vague la poignait sans cesse...

Elle ne lui dit pas tous ces détails. Elle ne

lui avoua pas non plus que cette indifférence, ce manque d'amour lui avaient fait éprouver une étrange jouissance dès qu'elle l'avait senti, lui, jeune et prévenant, l'entourer de délicatesses et d'amitié. Elle se contenta de lui décrire la froide atmosphère de son intérieur, avec les scènes de chaque jour et les mille riens dont saignait son cœur négligé.

Il en fut gêné. Cet abandon, ces confidences s'adressaient plutôt au camarade qu'à l'amant.

— Voulez-vous visiter mon atelier? lui demanda-t-il, pour détourner la conversation.

— Je vous ennuie avec mes histoires, fit-elle douloureusement.

Et presque aussitôt, avec un long regard :

— J'oubliais que j'étais venue dans cette intention.

Ils s'étaient levés. Il souléva la portière qui masquait la grande pièce contiguë.

Des toiles y gisaient un peu partout, en un

désordre voulu, les unes inachevées, en bu, sur leur chevalet, d'autres vernies, dans des cadres de chêne. Dans un coin, un mannequin de bois, drapé d'étoffes criardes, se dressait en une pose raide. Par une vaste baie vitrée, une nappe de lumière crue et blanche éclairait la valse tourbillonnante des atomes et des poussières. Ils firent une minutieuse inspection : elle, examinant tout et appréciant; lui, expliquant ou se laissant féliciter.

— Tiens, voilà qui est gentil, fit-elle quand ls eurent regagné le fumoir.

Elle lui désigna une tête de femme, finement dessinée en camaïeu sur une porcelaine ..

— Une ancienne? demanda-t-elle avec un sourire presque jaloux.

— Folle, lui murmura-t-il à l'oreille.

Il n'y pouvait tenir. Son désir le mordait plus violent depuis que, dans l'atelier, il l'avait tant frôlée. Sa chair se cabrait. Il oublia tout et fiévreusement, la saisit par la taille, posant sur sa lèvre un baiser presque brutal. Elle ne se raidit point. La même sensation troublante la tenait. Elle ferma doucement les yeux, secouée d'un frisson intense et exquis. Puis, se reprenant et le regardant fixement, effrayée :

— Vous n'y pensez pas, dit-elle.

Mais rien ne pouvait plus le maintenir. Il devina que sa seule coquetterie de femme la faisait résister, bien prête elle-même d'abdiquer.

Affolé, il l'enlaça plus fort et la fit glisser sur le divan. Elle s'abandonnait. D'un geste nerveux, il la dégrafa. Au-dessus du corset de satin noir, la fine dentelle ourlait la rose carnation de sa gorge. Sans pensée, tout à sa passion soudain débridée, il y posa sa bouche en feu.

Se sentant vaincue, la femme eut alors une révolte suprême de pudeur... Elle recula.

A ce moment, de la rue, monta un cri d'enfant :

— On dirait la voix de Bébé, dit-elle instinctivement

Bébé... ce seul mot le glaça. Oui, cette femme avait un enfant. Son corps avait subi la déformation de la maternité. Il l'avait oublié et ce souvenir évoqué tout à coup lui rendit son entier sang-froid. Il se fit honte.

Le parfum, qui l'avait remué tout à l'heure, lui semblait maintenant trop violent et lui rappelait d'autres corps d'amoureuses. Il se dégagea, et feignant de respecter ses pudiques frayeurs, la laissa et se leva...

Étonnée, devinant qu'un je ne sais quoi d'inexpliqué venait de se rompre entre eux, elle referma vitement son corsage et — toujours femme — dissimulant le dépit de son amour-propre blessé :

— Voilà la nuit, dit-elle, je me sauve...

Il ne protesta pas, l'aida en silence à passer sa fourrure et poliment, la reconduisit...

Mais resté seul, un spleen vague le prit, avec un regret :

— Suis-je bête? murmura-t-il avec un ricanement forcé.

Et il ouvrit la fenêtre où il s'accouda rêveur... pour la voir.

LA PEUR DU MARIAGE

— Ainsi, c'est dit, tu nous laisses ?

— Oui, excusez-m'en... Bonsoir !

— Une femme ?...

— Non, le besoin d'être seul.

— Oh ! là, là, monsieur a le Rœderer triste ?...

— Bonsoir.

— Lâcheur, va...

— Bonsoir.

Et sans écouter davantage, Paul avait tourné le dos à la bande joyeuse qui voulait le retenir.

Vraiment, il éprouvait le besoin de se sentir seul et de digérer en paix l'orgie qu'il leur avait offerte. C'était, ce soir-là, son trentième anniversaire et, pour fêter ses trente ans, il avait fait appel à la gaîté de quelques amis et de trois ou quatre jolies folles qui lui avaient fait tuer le temps, durant le mois écoulé. Mais ce bruit lui pesait maintenant. Ces femmes en goguette l'agaçaient avec leurs joues chaudes et le diapason brouillé de leurs voix noceuses. La lourde atmosphère du cabinet où ils avaient gaudriolé en chœur faisait éclater sa cervelle. C'est pourquoi il voulait rentrer seul, à pied, en fumant un dernier cigare. De l'air cinglant, la fouettée battait ses nerfs et il sentait ses idées lui revenir. Il pensait...

Trente ans... C'était donc vrai ?... Il venait de franchir cette étape d'existence où l'homme entre dans l'apogée vitale. Comme les jours passent !... Il lui semblait qu'hier encore il quittait les bancs de la Faculté et fuyait le tumulte du quartier pour « se lancer dans le monde. » Qu'avait-il fait depuis ? Avait-il seulement vécu?

Il n'en savait trop rien. Il s'était contenté d'user la vie bêtement, en garçon qui a de l'argent et s'amuse. De la brune à la blonde, des minces aux majestueuses, il les avait courues toutes, brûlant son cœur et sa chair aux yeux bleus et aux yeux noirs — suivant son caprice. Il avait lu, quelque peu écrit, suivi le mouvement d'art, ne manquant ni un vernissage, ni un livre à sensation, ni une première. Il aimait les chevaux, faisait des armes et du canotage, était adroit au *law tennis* et savait galamment perdre sur un favori comme au baccarat. Pour tout le monde, c'était un heureux.

Et pourtant... de ce bruyant en dehors, la lassitude le gagnait. Que de vide sous ce bruit et ce clinquant !... Il se gaspillait sans compter, mais c'était tout. Et un remords l'en prenait. Avec son intelligence, il eût été capable d'être quelqu'un, de tenir une autre place que celle du parfait *gentleman*. Il aurait pu travailler pour la collectivité, lui être utile. Tandis qu'aujourd'hui, il se sentait trop entraîné pour entreprendre quoi que ce soit. Il pouvait encore rêver, mais non point agir, et il souffrait de cette impuissance.

Un espoir pourtant lui restait : la famille. Trente ans, la voilà bien l'heure d'existence où se doit perpétrer l'aventure matrimoniale. On a vu, on sait, les sensations éprouvées ont été multiples et souvent épicées. On commence à se rassasier, sans cependant avoir perdu tout appétit. On peut donc rompre avec le célibat et faire sa fin.

— Ainsi, pensait-il, on achève de songer exclusivement à soi. Fini l'égoïsme: l'homme se partage entre d'autres êtres et collabore à l'universelle humanité.

Et Paul se rappelait les amis mariés; il les revoyait choyés et heureux; dans sa mémoire, se dessinait aussi le foyer familial disparu — son père et sa mère s'éteignant doucement, l'un près de l'autre, dans la sérénité des agonies douces... Oh ! comme lui aussi avait soif de calme béatitude.

Mais était-il sûr de la rencontrer ?...

Combien de jeunes ménages dont l'existence n'est que la continuation à deux de la vie de garçon, — moins le fréquent changement de lit ?... Riche, brillamment apparenté, il ne pouvait se mésallier. Or, toutes les jeunes filles qu'il pouvait choisir étaient habituées au mouvement mondain. Elles couraient bals et théâtres ; l'hiver, à Paris : dès le Grand Prix, aux eaux et sur des plages également enfiévrées. Quelques-unes même se laissaient épouser surtout pour mieux donner carrière à ce besoin de luxe et de tourbillon. Tout cela cadrerait-il avec sa marotte de garçon philosophe, fatigué des banalités ?...

Et puis, il avait tant couru qu'il n'était pas sans connaître les hommes et les femmes. Les femmes surtout... Il en avait vu défiler tant et tant dans sa garçonnière close : des artistes et des cocottes, des modèles et des écuyères, des danseuses et des femmes honnêtes... Ces dernières, il les savait par cœur, avec leur abandon facile et leur âme oublieuse. Bien tourné de corps et spirituel, avec une pointe d'attendrissement au bon moment, il en comptait plus d'une dans ses souvenirs. Et d'avoir ainsi trompé nombre de maris, une peur lui venait du talion. Si on le trompait à son tour... Oh! non !... Tout, mais pas ça... Sa gentilhommerie se rebellait à cette idée et d'avance il se sentait jaloux, prêt à brûler la cervelle au premier audacieux. C'était pourtant si bourgeois, le drame passionnel qui livre en pâture à la foule la faute de l'épouse, la naïveté du Sganarelle !...

Toutes les femmes, il est vrai, n'étaient pas infidèles. Il en avait connu beaucoup qui lui avaient résisté et s'en tenaient à l'amour légalement juré. Mais lui ?... Serait-il constant ?... Non pas qu'il s'offusquât d'un léger coup de canif discrètement infligé dans le contrat, un soir d'oubli. Il est des circonstances où le fait est presque inévitable. Monsieur sort du cercle ou soupe avec des amis : il y a de petites figures aimables à table. On se laisse d'abord embrasser, on embrasse ensuite, finalement on y laisse un peu de vertu conjugale. Mais il n'y a là rien de grave. Le cœur n'est pas pris. Un brin de toilette, une demi-heure de grand air et tout est oublié...

Ce n'étaient donc point ces menus scrupules qui l'arrêtaient. Il voyait plus loin. Certes, il n'aurait point épousé sans aimer. Pourtant l'homme est si mobile qu'il pouvait promptement se lasser. Aux jours roses des fiançailles, l'élue a toutes les séductions. Elle rayonne à travers le prisme amoureux. Elle-même sait se parer d'innocentes hypocrisies. Mais après... quand la possession a fait tomber les voiles... la femme se révèle et bien souvent dégringole du piédestal de l'idéalité. L'intimité livre tant d'ombres morales ou matérielles !...

A vrai dire, des premières il ne se souciait

guère. Avec son expérience des choses et des gens, grâce à sa volonté intelligente, il ne désespérait pas de redresser les imperfections de caractère, d'assouplir les duretés, de polir les angles. Mais l'œuvre était-elle possible pour le détail charnel? Il faut bien peu pour faire tomber l'exaltation de l'épiderme. Un rien — la déformation d'une ligne, une odeur, un je ne sais quoi rappelant une ancienne qui fut à tous — un rien suffit. Paul le savait, qui en avait fait plusieurs fois l'expérience, au cours de ses journées amoureuses. Cette imperfection devenait peu à peu obsédante : aux minutes les plus éperdues, elle brisait net l'envolée des sens.

Or, pour lui, sans désir, il ne pouvait y avoir amour. Ses idées étaient franchement arrêtées sur ce chapitre, tandis que, d'autre part, il pressentait que, marié, sa chaîne ne devrait jamais être brisée, car le divorce lui faisait horreur. Cette officielle séparation, prononcée après débat public et annoncée à tous, l'aurait trop vivement blessé dans son amour-propre de gentilhomme...

Alors quoi ?...

En philosophant ainsi, il était arrivé chez lui. Il jeta le cigare achevé et sonna son concierge.

Au même moment, en face de son hôtel, un couple rentrait également. Il connaissait de vue ces jeunes gens ; il les avait aperçus souvent à leur fenêtre, penchés l'un sur l'autre, l'air satisfait. Alors un regret lui vint de ne pas être simple comme eux, bourgeois, ignorant de tout dilettantisme. Pourquoi donc ne pouvait-il pas ne point s'analyser ?

— Qu'ils sont heureux, pensa-t-il. Ils ne pensent pas...

Et, avec un soupir, il poussa sa porte...

SOUVENIRS DE CASERNE

Dix heures... A travers les vitres closes de la chambre puante, agonisait, lointaine et mélancolique, la sonnerie de l'extinction des feux... Dedans, pesait une lourde atmosphère d'haleines, de pipes et de brodequins qui enfiévrait le cerveau du pauvre « bleu ». Et suffoqué, le petiot rêvassait sur son étroit « plumard... »

Il était dur le matelas de crin, écrasée la paillasse qui tenait lieu de sommier. La demi-fourniture brune — un feutre de cheval — égratignait la fine peau de son menton imberbe. Mais après tout, ces maigres accessoires constituaient un lit, presque un vrai lit!... Il y avait si longtemps qu'il n'avait plus couché dedans!... Voilà quatre nuits qu'il passait n'importe où, en voyage, dans des villes où il n'était que de passage, sur un tas de paille, comme le paria des garnisons qui ne devaient pas être siennes.

Et, rapidement, l'un après l'autre, comme des paysages de diorama, les mille épisodes de ses quatre premières journées de service se déroulaient en sa pensée brouillée.

C'était d'abord le premier appel, là haut, dans la cour de la caserne de sa ville, où on l'avait muré toute une après-midi, désœuvré, traînard, dans l'attente des cinquante sous de frais de route. Ils étaient un millier avec lui et la distribution avait pris l'après-midi entière. Le soir seulement, parmi les rues dont l'ombre déjà s'étoilait de flammes de gaz, on les avait lâchés et librement enfin il avait pu passer sa nuit — la dernière...

« A demain matin, six heures », lui avait-on recommandé auparavant et à une minute près, dans la grisaille du jour à peine débarbouillé du noir nocturne, le conscrit avait regagné le quartier, juché sur les hauteurs, parmi les ruines lamentables des murailles effritées. C'était pour la revue de départ. Avec les camarades, il avait passé deux heures en ligne impeccablement droite, attendant le major galonné qui l'avait à peine examiné. Puis, il avait fallu patienter après le pain de munition, — la boule épaisse et mal cuite qu'il devait manger le lendemain, en voyage. A deux heures, seulement, le ventre creux, on leur avait accordé l'après-midi et une partie de la nuit — jusqu'à deux heures du matin, rendez-vous à la gare pour le départ du train spécial...

Ah! ce train spécial!... Ce départ!... Cette foule de fiers jeunes gens parqués en troupeaux de trente-deux, dans des wagons sales où ne sont reçus que huit chevaux. A ce moment, il avait dû vraiment se raidir et devenir homme. Il avait embrassé les vieux une dernière fois, obligé de sécher ses larmes discrètes pour ne point être raillé par les voisins... Et quels voisins, mon Dieu!... Une vaste collectivité où entraient n'importe quels éléments, et sur laquelle planait une gaîté forcée, trop bruyante. Car ce n'était point la promiscuité de l'inférieur social qui froissait son être sensitif. Il avait fait d'avance le sacrifice de ses susceptibilités. Ce qui le choquait, c'était ce tumulte ronflant et de contrefaçon, cette atmosphère chaude ou couraient des relents d'alcool et des refrains de gros numéros, ces rires lourds d'enfants qui réagissent contre le pleur montant, jouent à l'homme rassis et sceptique, s'étourdissent de boisson, de fumée et de conversations sales.

Il eut fallu du silence à ses pauvres nerfs surmenés, avec un peu de la tranquille placidité du rêve. Il eût aimé songer à l'existence abandonnée, aux êtres laissés là-bas, loin, derrière la locomotive infatigable. Il cherchait les chères silhouettes parmi les ciels traversés et dans le décor aperçu par la portière il reconstituait les coins enfuis du pays. Mais dès que papillonnait un souvenir ou une image, le brouhaha des voisins lui arrivait brutal. Et cela cassait les ailes de son âme songeuse...

Toute la journée s'était ainsi passée.

Le soir, il est vrai, du calme avait affaissé la wagonnée, mais c'était un peu du calme exagéré qui succède aux orgies, au moment où, la tête sombrée sur leurs bras amollis, les buveurs oublient en un malsain sommeil les flacons maculés. Et ce tableau encore avait attristé le conscrit...

Ce n'était pourtant que le prologue de sa nouvelle vie. Là où le train s'était arrêté, tard dans la nuit, d'autres surprises l'attendaient. L'air avait brusquement fraîchi. Un vent presque glacial courait sur les montagnes hautes et ç'avait été pour les pauvres gars un dur réveil de leur torpeur. Sur le quai de la gare, soudain jetés en masse, comme de passifs moutons, ils avaient dû, en grelottant, les dents claquant de froid, attendre la garde chargée de les conduire au quartier. Longue demi-heure rendue plus pénible encore par les jurons des sous-offs, mis en mauvaise humeur par ce surcroît de corvée.

Enfin, en rangs inégaux comme leurs pas fatigués, ils avaient traversé la ville morte et sans lumière. En haut, la caserne dressait ses murs gris. Sans sortir, ils avaient dû y passer trois interminables journées à former et briser leurs files symétriques, tandis que les officiers, au hasard, leur désignaient la définitive garnison. Debout du soleil levant au crépuscule, on les avait tassés, la nuit, sur une paille mouillée par l'humidité des parquets.

Le petiot revivait toutes ses successives sensations. Il souffrait encore de la brisure de sa pauvre carcasse ankylosée par la dureté de cette couche trop sommaire; sa peau lui cuisait de la toilette du matin incomplètement faite; sa cervelle grouillait des cauchemars endurés. Et il se trouvait presque heureux, ce soir, sur les trois planches que portaient les pieds de chalits. Il allait pouvoir dormir, au moins. Il avait fini de voyager, maintenant qu'on l'avait amené dans ce trou perdu où il devait enterrer douze mois de jeunesse. Elle ne serait pas gaie, cette année d'automatique obéissance au ressort tendu de la discipline militaire. Mais, bast!... il n'était pas seul. Tout le monde y passe aujourd'hui. Et le conscrit eut un sourire en s'apercevant d'avance dans le champ de manœuvres, gauche et tout d'une pièce dans l'engoncement du bourgeron en treillis.

— Si on me voyait ainsi chez nous, pensa-t-il.

Et ses idées prirent leur volée vers la maison et la famille, le distrayant de la plate monotonie de la chambrée où grondaient de sourds ronflements.

Mais soudain, un bruit mât le tira de sa songerie — un bruit de planches écroulées à terre. Tandis qu'à ses côtés il surprenait des rires étouffés, il se sentit emporté dans la débâcle de sa literie éparpillée. C'était un ancien qui le faisait « valser » — histoire de former le caractère à un « bleu »...

Alors, repris par la navrante réalité, le « bleu » se releva dans l'ombre, parmi les épaves mal connues de son « plumard. » Et douloureux mais résigné, il le renfloua...

LE JOUR DE L'AN DU PETIT ZOUZOU

La neige tombe...

Sur la mince toiture du corps de garde — petite maisonnette gâchée à l'entrée du quartier comme une niche de concierge pauvre — bruit, légère et indécise, la tombée des flocons que rythment de sourds ronflements de soldatesque. La pièce est basse et sale. Sur les murs, blanchis à la chaux lors de la dernière inspection, la fumée du vieux poêle boiteux a posé une couche brune. Comme mobilier, deux bancs et une table de bois blanc, grossière, usée par le grattage au couteau de chaque samedi. Entre une lanterne agonisante, des bouteilles vides et quelques gamelles maculées, un cahier gît, ouvert, taché d'huile, sur lequel le caporal de poste s'est affalé, lourd de sommeil et de gros bleu. Il attend, assoupi, les permissionnaires qui rentrent. Le « pied-de-banc » lui a passé la corvée et, roulé dans plusieurs « demi-fournitures », s'est installé dans le seul bon coin du lit de camp — quelques planches inclinées et poussiéreuses où les hommes de garde attendent leur tour de faction...

— Que c'est dur, pense le petit zouzou. Et il contemple d'un œil étonné et envieux les « anciens » qui, rompus au métier, dorment tout leur saoul, malgré la baïonnette, la giberne et la cartouchière qu'il faut garder.

Cet attirail le gêne horriblement, lui : il essaie bien de se retourner, cherchant une position moins fatigante, mais sans jamais trouver la bonne. Toujours ce harnachement qui pend au ceinturon et, comme un cilice, ecchymose ses pauvres reins meurtris. Puis, chaque coup de vent fait vomir au poêle disloqué une âcre fumée qui le suffoque. Il tousse, tousse et en est réduit à désirer le moment où il ira relever le camarade qui se morfond dans la guérite battue de rafale. Là, au moins, il pourra respirer...

Pour se consoler, le petit zouzou rêvasse; son imagination chevauche bon train, tandis qu'au dehors la neige tombe, tombe toujours...

*
* *

La neige tombe...

L'aurait-il cru, il y a trois mois, quand il quittait son pays, — un joli coin du Midi provençal, perdu, là-bas, dans les hauts pins chantants et les oliviers saupoudrés de cendre?

Le maire du village lui avait dit qu'il partait pour l'Afrique, et il s'était embarqué de bon cœur, entrevoyant déjà des horizons de pourpre, des soleils d'or et de tièdes atmosphères. Pauvre paysan, il ne savait pas que le Sud Algérien a sa saison inclémente où les arbres rabougris et sans feuilles se tordent désespérément sous le cinglement des bises, où la campagne n'est plus qu'une vastitude désolée — blanche nappe ondulant à l'infini, sur les bas mamelons mornes et chauves.

On l'avait d'abord débarqué à Philippeville; là, les verts palmiers, les orangers tachés de rouge, les grands platanes à peine jaunis l'avaient enchanté. A Constantine, les collines, où dégringolent de vastes pépinières denses et touffues, ne l'avaient pas trop désorienté non plus. Mais plus loin, plus bas, tandis que, parqué dans un wagon de bestiaux, il roulait vers le Sud ignoré, tout avait rapidement changé.

Adieu les vertes frondaisons, les champs cultivés, les villages riants qui vivent. Plus rien que d'immenses espaces ceinturés de hauteurs, veufs de toute végétation, avec leur terre brun-rouge et grise où s'isolent seulement de rares bouquets de lentisques. Après, des flaques d'eau lui étaient apparues, grandissant peu à peu, s'élargissant, couvrant bientôt toute la plaine. C'étaient les lacs ; le train les traversait sur un étroit talus, presque à fleur de leur eau putride, où le ciel envoyait la tristesse de ses nuages et d'où montaient comme des vapeurs chargées de fièvres. La glaise avait reparu ensuite, près de Batna, — garnison pour laquelle le sort avait désigné le petit zouzou ; mais la gaîté était restée en route, plus haut, là où avaient fini les eucalyptus géants et les frêles acacias. La nature n'avait plus de sourires ; pourquoi en aurait-il conservé, lui ?...

Aussi il ne savait quel étau l'avait serré dans la poitrine, quand il avait aperçu le miniscule blockhaus qui, comme une ruine féodale, se dresse à l'entrée de la ville, sur une éminence qui masque les maisonnettes. Un sergent brutal et gueulard l'avait fait descendre du wagon et, comme les camarades de voyage, il avait traversé la grand'rue, au milieu de rares passants aux mines ennuyées. Il avait souffert tout de suite de l'angoisse lourde qui plane sur ce Sud Algérien. Les habitants n'étaient pas plus nombreux que dans son village et les maisons ni plus hautes ni plus coquettes. Son église était même moins froide et mieux parée. Et puis, chez lui, il avait au moins la campagne, les grand'routes gaies et bruyantes, les sentes d'amour où discrètement chuchotent les couples. Ici, rien, rien qu'un large tapis de terre nue qui gagne en pente douce les montagnes encadrant l'horizon. Encore l'a-t-il peu vue, cette glèbe. La neige n'a pas tardé. Depuis un mois elle tombe, tandis que, semblables à des lavis trop délayés, de larges nuages tachent le ciel.

Fort heureusement, le métier a pris tout entier le petit zouzou, ne lui laissant que peu de loisirs entre manœuvres et corvées. Il n'a guère le temps de regretter le pays. Il y songe, ce soir, parce qu'il ne peut dormir.

Ce n'est encore qu'un « bleu », mais on l'a désigné quand même pour la « garde », les anciens étant peu nombreux — une compagnie est détachée à Biskra, une autre surveille les prisonniers à Lambèse.

Et cette évocation du village le distrait ; il oublie la giberne qui lui casse les vertèbres et le « quillon » de la baïonnette qui pénètre dans les dernières côtes ; son insomnie ne le fatigue plus ; il oublie même que c'est la dernière nuit de l'année et que la neige tombe, tombe toujours...

*
* *

La neige tombe...

Dans le silence de la nuit, le vent apporte les onze battements d'une horloge enrhumée.

— Au suivant, crie le caporal, soudain dégrisé par l'idée du service qui le tient passivement.

Et le petit zouzou se lève, tandis que les jurons et les grognements des camarades réveillés en sursaut rompent la morne tranquillité du corps de garde.

Le petit zouzou se lève... Il s'enveloppe dans son court capuchon bleu, rajuste son turban et de ses doigts engourdis, prend son fusil au râtelier.

Dehors, la bise fait rage ; les flocons ouatent le sol et lui battent le visage, y posant un pleur glacé. Le caporal, pris de froid, le conduit devant la guérite et vite relève le camarade transi, sans s'inquiéter du cérémonial qu'enseigne la « théorie ». Le petit zouzou a mis baïonnette au canon. Le voilà à son poste. La rue est vide et désolée, sans bruit, sans passants. Pas une lueur aux fenêtres closes ; à peine, sur les trottoirs, la falote clarté des réverbères, avec la buée transpirant aux vitres.

Le soldat grelotte ; l'onglée brûle ses doigts qu'il enfouit dans ses poches, son « flingue » dans le pli du bras. Il s'accule dans sa guérite et il écoute le frôlement de la neige qui s'y vient poser avec un doux bruissement d'élytres. Ce froufrou le distrait, le berce et bientôt il a de nouveau tout oublié, perdu dans son rêve et ses souvenirs.

C'est encore du pays qu'il songe, du pays, des parents, des amis laissés, des bonnes journées écoulées, des jours de l'an précédents si joyeusement fêtés. Fallait-il être malchanceux pour être « commandé de garde » ce jour-là ?...

Qui le lui aurait dit, l'année d'avant, alors que la tablée familiale gaîment réunie avait bu au petit conscrit ?...

Cette pensée l'arrête un moment et fait ses yeux humides. Mais ils se sèchent vite... Parmi ces figures aimées, vient de passer un profil joli qui lui sourit. C'est le frais visage rose, suant la santé, d'une « choune » — comme ils disent en Bouches-du-Rhône — sa fiancée.

Dans le cadre rustique de son village, cette chère silhouette ensoleille sa songerie : tout son amour lui revient soudain : il revoit son regard extasié le soir où, tremblante, elle lui avait ouvert son petit cœur et où leur premier baiser les avait fiancés.

C'était l'autre été, au moment des cerises...

— Monsieur Jean, lui avait-elle dit en voyant ces beaux fruits, qu'elles sont grosses !...

Et aussitôt, trop content de la voir heureuse, il avait grimpé à l'arbre, détachant les petites grappes dont le carmin ensanglantait les branchages. Elle, sans façon, avait relevé le pan de son tablier de cretonne bleue, où s'amoncelait bientôt la rouge avalanche. Puis, le tablier débordant, il avait lestement sauté à terre, et là, sous le grand chaud soleil qui grise, il s'était pelotonné à ses côtés.

Epaule à épaule, lui, humant les effluves de sa chevelure, elle, l'œil allumé sous la frange veloutée de ses longs cils, la gorge chastement affolée, ils avaient lentement grignoté la cueillette. Et chaque fois que, dans le tas, se rencontraient quelques mignons bouquets où plusieurs cerises pendaient ensemble, avec mille précautions gauches, de sa large main calleuse, il les lui accrochait aux oreilles, ou les glissait dans ses nattes noir-bleu.

Elle était belle ainsi, avec sa frimousse éveillée, en cet encadrement de bigarreaux qui reflétaient leurs teintes rosées sur sa carnation hâlée de brune mate. Oui, elle était belle... N'y tenant plus, il le lui avait dit. Elle aussi, depuis longtemps, le trouvait beau avec ses épaules trapues et son encolure de taureau ; elle le trouvait beau, et bon, et fort. Toute frissonnante, elle avait penché calinement sa tête sur la robuste poitrine du gars qui lui avait meurtri les lèvres d'un long baiser ardent, presque brutal.

Depuis, ils ne s'étaient plus quittés ; tous les jours, ils couraient les champs bras dessus bras dessous ; le dimanche, c'est lui qui l'accompagnait à la messe ou la faisait danser dans les « vogues. » Tout le monde les sachant fiancés, nul ne songeait à médire, sauf la Madelon du « mas des « Ramiers » — un peu jalouse, ajoutaient à voix basse les bavardes commères.

... Toute cette idylle a pris la pensée du petit zouzou... Qu'il est beau ce passé de soleil et de rire, qu'il est beau !... Et combien navrant le présent glacial et lugubre, combien navrante cette neige qui tombe, tombe toujours !...

*
* *

La neige tombe...

Le petit zouzou ne semble pourtant plus s'en douter. Blotti dans sa guérite, serrant frileusement son fusil sur sa poitrine comme un enfant aimé, ses yeux se sont fermés doucement. Il n'a point l'habitude de la faction ; c'est sa première ; le vol susurant et monotone des flocons l'a bercé : son rêve l'a grisé, et oubliant la consigne, il a cédé à la fatigue. Mais un sourire égaie son visage, tranchant seul sur ce décor d'éperdue tristesse.

C'est qu'il est heureux, le petit zouzou. Il a retrouvé sa Mariette aimée : il est là, à ses côtés, causant avec elle. Elle l'a aperçu grelottant et a voulu lui tenir compagnie. Elle sait que l'horloge sonnant les douze coups de minuit amène l'année nouvelle et elle lui apporte quelques pièces blanches pour faire la fête avec les camarades. Il ne veut pas accepter, mais, au dernier jour de l'An, a-t-elle refusé la robe de laine qu'il lui offrait?

Il prend donc les pièces blanches ; il les noue dans un coin de son gros mouchoir bleu d'ordonnance. Ils bavardent à voix basse. Ils parlent du pays, des vieux, des longues promenades faites ensemble, des causeries interminables dans les hauts foins rangés en tas, le soir, quand la lune baignait le ciel de sa clarté humide...

Mais des pas se font entendre, sourds et lointains :

— Je me sauve, dit Mariette, je vais te faire punir...

Le petit zouzou veut cependant l'embrasser avant. Il y a si longtemps qu'il n'a plus senti leurs lèvres accouplées !... Il la saisit par la taille, l'enlace, la mord d'un long baiser...

Mais il recule aussitôt avec un haut-le-corps. La bouche de Mariette est glacée : on dirait la vierge de pierre du pays...

Car le pauvre garçon a rêvé... Il entr'ouvre ses yeux étonnés et se surprend étreignant son fusil dont la baïonnette a touché son visage...

Et ces bruits de pas qu'il a perçus tantôt, ces bruits qu'il entend bien encore, se rapprochent... Ce sont des camarades qui rentrent saoûls d'en ville...

.... Et le petit zouzou tristement les regarde défiler — le regard résigné, le cœur serré par ce saut trop brusque dans l'accablante réalité — dans la neige qui tombe, tombe toujours...

NI JOLIE, NI DROLE

Au café, entre camarades, l'on potinait : de l'un, de l'autre, des présents, des absents, des liaisons de chacun :

— Et Jacques ? demanda quelqu'un.

— Toujours avec Laure, répondit le petit Wertheim. Il s'acoquine.

— Comment, avec cette grosse fille ? Éternelles amours, alors.

— Le fait est que ça dure depuis huit mois. Et je me demande pourquoi. Entre nous, la belle n'a pas grand'chose : pas jolie, jolie, pas drôle. De quoi amuser une semaine... Et encore...

Ainsi, chacun disant son mot, toute la tablée passa le quart d'heure à déshabiller la Laure, — à l'habiller surtout.

Seul Dartigues — le grave Dartigues, comme on l'appelait, — n'avait pas encore parlé. L'air désintéressé, il semblait ne rien entendre. Mais quand la compagnie eut achevé l'éreintement :

— A mon tour, dit-il, à mon tour de vous dire que vous n'êtes que de bons petits jeunes gens et qu'une livre de jugeotte ne vous ferait pas mal. Voilà quinze bonnes minutes que je vous écoute abîmer ce pauvre Jacques. Et pourquoi, s'il vous plaît? Parce qu'il ne se décide pas à lâcher une brave fille que vous ne trouvez pas de votre goût! Avez-vous bien le droit de juger ainsi? D'abord, tout est affaire d'appréciation. Et pour ma part, je soutiens que Laure n'est pas mal...

Comme il s'y attendait, ce fut un murmure général...

— Comment, pas mal? Grosse, lourde, sans lignes...

— Pas plus mal que bien d'autres, insista Dartigues. Et je m'y entends, croyez-le. Je ne la donne pas pour un modèle irréprochable. Loin de là ! Mais elle n'est point désagréable. Elle a de la hanche, de la gorge, de la croupe ; le cou est bien planté, la cheville élégante. Combien, parmi vos mijaurées, en pourraient montrer autant? D'ailleurs, la beauté n'est-elle pas relative? Et croyez-vous pas qu'en principe toute femme soit belle, de par son sexe ; que de toute forme féminine, quelle que soit son imperfection, se puisse dégager un je ne sais quoi d'attirant?

— Cà, c'est vrai, approuva une voix. Combien de laiderons qui, jugées telles au premier abord, deviennent peu à peu sympathiques et se font aimer.

— Affaire de contact, continua Dartigues. Tout d'abord, de la personne rencontrée on ne découvrequ'un ensemble vague. Selon que le total des défauts extérieurs l'emporte sur la somme des qualités ou lui est inférieur, on juge la femme affreuse ou appétissante, on s'en éloigne ou on l'approche. Quelle fausse appréciation pourtant après ce coup d'œil initial ! Fréquentez un peu et vous en reviendrez. Un à un, vous découvrirez les détails inaperçus. Tel « échalas » ne sera qu'une fausse maigre. Telle lourdaude massive aura des finesses d'attaches, des délicatesses d'encoignures. Et je ne parle ici que du côté matériel, de ce qui se palpe, se sent, se voit — de la peau, quoi ! Que dire alors de l'intérieur, de l'intimité morale qui se livre peu à peu et embellit parfois les pires laideurs — ou inversement ?

— Pour le coup, interrompit le petit Wertheim qui se sentait battu, pour le coup, ça n'est pas l'histoire de Laure. On ne saurait rêver niaise plus niaise...

— Tu crois ? répliqua Dartigues. Et par quoi en opines-tu ? Elle ne cause pas ?

— Jamais un mot...

— Elle n'a pas les drôleries ordinaires que la fille retient du frôlement de Pierre et Paul? Ou quelques idioties d'après le Mümm?

— Rien, te dis-je. C'est un marbre et — tu as dû en convenir — un marbre qui manque de pureté...

— Fort bien! Mais l'as-tu connue à huis-clos? Il est des femmes bêtes, idéalement bêtes, à table, en société, et à qui l'esprit pousse soudain en tête à tête.

— Oh! je sais, La Fontaine nous l'a faite avant toi... *Comment l'esprit vient aux femmes*... C'est dans un des contes du Bonhomme.

Sans porter attention à l'interruption, Dartigues continua :

— Je répète que telle bécasse, dont la nullité en public ferait pleurer, devient souvent très amusante entre quatre murs. C'est le cas des timides qui, ayant conscience de leur insuffisance, craignent de trop hasarder et de faire four. Elles sont, ma foi, autrement sages que les bavardes qui ne devinent même pas leurs impairs.

— Tu connais donc bien Laure ? insinue quelqu'un.

— Pas plus que vous. Je l'ai aperçue quelquefois avec Jacques et je n'ai jamais reçu ses confidences. Je ne fais ici que des généralités. D'ailleurs, vous oubliez que Jacques écrit. Il tourne joliment le vers et fait du théâtre qui se tient.

— Raison de plus, objecta encore Wertheim. Un artiste, un poète a besoin d'un compagnon qui le comprenne, qui se rende compte de ses efforts et ne lui réponde pas corsage quand il parle de bleu et d'amour...

— Parfait ! Mais est-il si paradoxal d'avancer que cette intelligence de la poésie, cette communion de pensée se découvrent plus aisément chez les naïves que chez vos femmes fortes ? Quoi qu'on en pense, la foule est peut-être plus apte que les raffinés à comprendre l'art. J'entends : l'art pur, indépendant de toute formule d'école, l'art qui jaillit naturel, sain, sans recherche ni torture. Chez ces êtres simples, en effet, le dilettantisme n'a point posé sa patte qui étreint et dessèche. Ils apprécient bonnement, sans raisonner leurs préférences ni leurs répugnances. Ils ne se demandent point si l'œuvre est jolie, précieuse et fignolée, ni pourquoi elle l'est. Ça leur plaît ou ça ne leur plaît pas. Or, croyez-m'en, il n'est pas de meilleur critérium pour l'homme qui produit, car il n'en est pas de plus sincère. Qui vous dit alors que Laure ne s'est pas emparée de la sorte de notre Jacques? Qui sait si ce n'est point par cette fraîcheur de sensation, par cette virginité d'intelligence qu'elle tient ainsi cette âme artiste?...

Personne ne protestait plus, même pas le petit Wertheim :

— Au reste, conclut Dartigues, tout cela ne nous regarde pas. Et je suis vraiment bien bête de m'égosiller à l'œil.

Et levant son verre :

— A leur santé à tous les deux !... A leurs amours !...

PETIT NOEL

— Je compte sur vous, beau cousin, lui avait dit madame Chantelauze. Depuis deux ans que je suis en puissance de mari, mon seigneur et maître m'interdit toute apparition à l'église. Ça le compromettrait. Mais puisqu'il ne rentrera de voyage que le lendemain de Noël, je meurs d'envie de désobéir. Voulez-vous être mon complice et m'accompagner à la messe de minuit ? Il est entendu que nous dînerons ensemble avant...

— A vos ordres, charmante, avait répondu Paul.

Et, d'une scrupuleuse exactitude, à l'heure convenue, il soulevait la lourde portière du boudoir où la jolie blonde rêvait sur un volume ouvert.

Elle était vraiment belle ainsi, son fin visage allumé par la flammée de lampe qu'adoucissait le large abat-jour de soie rose. Sa carnation jeune se colorait plus fraîchement encore, enchâssant les deux points noirs et chauds de ses yeux. Les cheveux folichonnaient, crépus, sur le front et les tempes. Et dans son déshabillé crème se moulait un corps aux lignes élégantes et souples.

D'un seul regard connaisseur, Paul l'avait embrassée toute. Pris soudain au cerveau par cette tiède atmosphère où flottait quelque chose d'elle, une sensation heureuse passa en lui. Il oublia les joyeuses avec lesquelles il réveillonnait d'habitude et se laissa imprégner par ce courant d'intimité parfumée.

Pour le recevoir, Jeanne Chantelauze s'était levée.

— Bonjour cher, dit-elle en tendant cavalièrement sa blanche main. Vous êtes un homme de parole...

Ils s'assirent; elle fit apporter du *raki* et quand, à petites gorgées, ils eurent humé l'anisette grecque, le dîner fut annoncé.

Ils passèrent alors dans la salle à manger. Un bon feu flambait dans le haut foyer, mais le décor sévère de la pièce dépaysa l'invité. Les buffets et crédences de chêne, les sièges recouverts de cuir de Cordoue, les tapisseries aux teintes sombres et fanées, les vitraux foncés, tout cet attirail moyenâgeux lui semblait trop offficiel, trop raide, trop vieux pour encadrer la frimousse jeunette et espiègle de l'hôtesse. Partout où il fréquentait, il retrouvait ce mobilier collet-monté. Il n'y découvrait plus rien du détail féminin et personnel dont Jeanne peuplait le boudoir — sa petite chapelle. S'en aperçut-elle aussi? Il eût pu le croire, car elle pressa le service, comme désireuse de regagner le coin menu et capitonné où elle se sentait bien chez elle.

Ce fut dans ce nid qu'elle fit servir le moka.

Devant la cheminée tendue de satin, où agonisaient des braises pâles, elle installa le tabouret oriental incrusté de nacre et y déposa leurs tasses fumantes.

— Il est neuf heures, dit-elle. Nous avons tout le temps. Fumez, j'adore l'odeur du tabac. Nous bavarderons et, quand le bourdon sonnera, j'irai me préparer. Ça vous va-t-il?

Il s'inclina et tous deux causèrent. Ils causèrent de tout et de rien, de l'actualité, des potins de salons, d'autrefois, d'autrefois surtout... Ils évoquèrent le passé enfantin, alors qu'ils jouaient ensemble au petit ménage. Elle faisait petite femme, lui petit mari. Elle le grondait, lui sacrait ou embrassait. C'était si gentil!...

— Vous souvenez-vous, quand, épaule à épaule, nous nous regardions à la glace? Nous étions à peu près de la même taille, vous un peu plus grand que moi. Y a-t-il toujours la même différence?...

Et le prenant par le bras, elle le mena

devant le médaillon Louis XV qui renvoya leurs deux images harmonieusement proportionnées. Ils étaient toujours bien, à côté l'un de l'autre : ils s'en rendaient compte tous deux, lui la trouvant plus exquise que jamais, elle considérant sa brune moustache provocante. Elle s'amusait comme une petite folle et, rendu frémissant par ce contact de peau tendre et saine, Paul éprouvait le tremblement ému, avant-coureur du désir. Le sang lui fluait à la face. Ses tempes battaient. Une force inconnue le poussait vers la nuque blonde de Jeanne. Il y posa une lèvre indiscrète.

— Eh, bien, cousin? murmura-t-elle en le grondant du doigt.

— C'était pour faire comme autrefois, répliqua-t-il en lui volant un second baiser.

Il devinait bien qu'elle ne lui en voulait pas. Elle aussi était troublée. Cette haleine de mâle la grisait dans ce petit salon où planaient des odeurs de roses mourantes et de violettes de Parme. Cette bouche frôlant sa chair lui avait communiqué l'électrique tressaillement de l'inconnu. Elle se défendit à peine. Alors enhardi, excité par sa première audace, il la prit par la taille.

Mais elle se dégagea :

— Paul, murmura-t-elle d'un ton de reproche.

Et elle reprit sa place sur le divan.

Il s'assit aussi, mais plus près, parlant à peine, les mots s'étranglant en sa gorge sèche.

A ce moment, le vent apporta la première sonnerie des cloches de l'église.

— Je vais m'habiller, dit-elle...

— Tenez-vous tant que ça à vous rendre à la messe?

— Certainement, puisque je vous ai privé ainsi de votre liberté.

— Croyez-vous que je le regrette?...

— Ce n'est pas ce dont il s'agit. Je veux aller à la cathédrale...

— Il fait pourtant si froid dehors et si bon ici.

— Je le veux.

— Puis... que dira votre mari s'il apprend votre escapade?...

— C'est un caprice, vous dis-je...

— Il serait bien meilleur d'attendre ici la venue du petit Jésus...

— Ne plaisantez pas, je vous prie, sur ces sujets religieux...

— Avez-vous seulement songé à déposer vos bottines pour le grand saint Nicolas?...

Et sans attendre la réponse, Paul, agenouillé, fit glisser la mule de soie de madame Chantelauze, tandis qu'il couvrait de baisers le bas noir transparent derrière lequel s'apercevait le rose du pied.

Elle eut un geste brusque pour se défendre, mais se relevant, Paul se trouva face à face avec sa blonde cousine. Alors affolé, sans pensée, il l'enlaça de ses bras et la renversa, brisant l'ultime rebellion de la femme qui, surprise et charmée, s'abandonnait lentement.

. . . .

La messe de minuit avait depuis longtemps

fini, quand Paul quitta le boudoir parfumé. Monsieur Chantelauze rentra le lendemain de voyage et au septembre suivant, madame lui donna un fils très brun.

Elle choisit son cousin pour parrain et voulut que le poupon s'appelât Noël...

L'ANANAS DU RÉVEILLON

Edouard Lafont à son ami Darigny

Mon vieux Darigny,

Tu te plains de mon long, trop long silence que tu mets sur le compte d'une noce effrénée. Tu te trompes. Le coureur d'autrefois a vécu. Ton ami Lafont a renoncé à Satan, à ses pompes et à ses œuvres. Je me range affreusement.

Je vois d'ici ton sourire sceptique : je te l'ai déjà dit tant de fois !... Dans ces jours de spleen grisâtre et de lassitude, où nous angoissent à la fois le désir et le dégoût de toutes choses, où un vide lamentable se fait en nos âmes, j'ai si souvent médit des folles amours d'une heure qui, stupidement, effeuillent notre cœur !...

Nous les comparions ensemble — nous avions encore de la poésie, alors !... — nous les comparions au rayon qui, perçant parfois les brumes, aux jours d'orage, se pose trop ardent sur les pauvres fleurs et brûle leurs pétales anémiés que les bises éparpillent bientôt. Nous songions que bien mieux vaut le long soleil qui doucement les épanouit, colore leur corselet mignon, et peu à peu fait monter la sève en elles. Ce long soleil, c'était l'amour vrai, sain, fortifiant, qui éclot et se développe sans crises, ni heurts, et je me suis bien souvent juré de m'y réchauffer... Serment de viveur !... Le lendemain, la vie tourbillonnante du dehors me harponnait de nouveau, avec ses besoins et ses mondanités vaines, mais étourdissantes. Adieu les sages pensers !... La première frimousse provocante, un corsage fleurant bon le virginal iris ou le chypre subtil en avaient tôt raison et plus rien ne me restait que des désirs fous.

Voilà pourtant que le beau diable que j'étais se fait ermite — ermite à deux, du reste. J'ai enfin rencontré la voie tant de fois cherchée. Je n'aime plus la femme, mais une femme, — et une femme épousable, s'il te plaît.

Pour parler net, je me marie...

— Qui a fait le miracle, demandes-tu ? Tu la connais, mais ne cherche pas. Je te donne son nom en mille.

Te rappelles-tu certaine petite veuve exquise à laquelle tu me présentas un jour et dont tu fréquentais régulièrement les vendredis ? C'est elle ; c'est Mme Bérenger, la « petite veuve rouge », comme nous l'appelions... Non pas que sa carnation fût exagérément empourprée. Au contraire... un teint mat et pâle de rose-thé où pétillaient deux yeux vifs et chercheurs, un visage qu'auréolaient follement de blondes mèches cascadeuses. Seulement, comme elle avait bien voulu nous compter parmi ses familiers, au lieu de nous recevoir dans son grand salon trop somptueux, trop vaste, trop froid, elle nous permettait l'accès de son boudoir rouge.

Une pièce charmante, ce boudoir, gros comme deux de ses mouchoirs de batiste, tout tendu de draperies où sa main artiste avait piqué, au lieu de toiles, ces mille coquettes banalités de femme — carnets de bal, accessoires de cotillon, éventails — auxquelles leur désordre voulu donnait une allure pas bourgeoise du tout. Comme mobilier, rien ou à peu près : de chaque côté, un divan oriental couvert de vieilles étoffes négligemment jetées : à côté, deux fauteuils bas ; puis, quelques meubles volants, — hauts tabourets, tables de peluche, — embarrassés de bibelots jolis et de fleurs. C'était comme un mignon sanctuaire où Elle trônait et dont le moindre détail conservait son empreinte. Un peu de son parfum flottait en cette atmosphère qui semblait sienne. C'était son coin de prédilection et... le nôtre.

Car elle voulait bien nous y recevoir souvent, te souviens-tu?... En avons nous assez taillé de délicieuses bavettes sur ces deux divans jumeaux, devant de minuscules tasses de thé dont la vapeur embaumait? Nous nous y éternisions en de longues causeries, toujours intéressantes. On ne s'ennuyait pas chez la « petite veuve rouge » — pardon, chez la future Mme Lafont...

Elle était si amusante, avec son bagout parisien et le cachet de modernisme dont elle se faisait un point d'honneur ! Veuve de très bonne heure, elle avait su ne se point cloîtrer, ne pas fermer sa porte, ni s'abîmer dans les fausses désolations des soi-disant inconsolables. Sincèrement affectée, elle avait pleuré feu « mon prédécesseur » quelques mois durant, puis, un jour, ses larmes s'étaient séchées. Il faisait beau : un rayon de soleil avait glissé en elle : le monde ne lui parut plus si noir, ni si affreux parce qu'elle y était seule. Elle se souvint que des amis lui demeuraient ; elle les rappela et recommença sa vie.

Sans scrupules étroits, elle sut dès lors s'arranger une existence libre de garçon, tout en demeurant honnête femme. Tu le sais par toi-même, — tu faillis y brûler tes ailes — elle aimait flirter, s'arrêter aux mignardes bagatelles de la porte, acceptait sans se fâcher le madrigal et comprenait le mot, même audacieux, pourvu qu'il fût finement présenté. Dès l'abord, elle semblait facile, et comme toi, comme tant d'autres, comme tous ceux qui l'ont approchée, j'ai cru, la première fois, à une petite toquée coquette et changeante. Mais j'ai bien dû en vite rabattre et ne plus voir en elle qu'un excellent camarade au charmant compagnonnage.

Tu vas me dire que tu sais déjà tous ces détails et que pas n'est besoin de te faire une biographie, que tu m'as apprise le premier, jadis. Ce qui, pour l'instant, te doit intéresser surtout, ce sont les circonstances qui ont amené le dénoûment — « l'accident », comme j'aurais dit en mon temps de folie et de scepticisme. J'y viens... Mais, excuse-moi... Il fait si bon causer de la femme aimée !... Quand le cœur est plein d'Elle, les mots papillonnent si aisément autour de son nom ou de son souvenir !...

Donc, depuis ton départ, je continuais à fréquenter assidûment chez Mme Bérenger. Je n'aurais pu manquer ses vendredis. J'y venais chaque fois, raide, anglais et correct, sanglé dans ma redingote, m'asseyant un quart d'heure sur un bout de chaise, alimentant de mes renseignements personnels la chronique potinière des amies venues pour déchirer les absentes à pleines quenottes. Ces conversations m'amusaient un instant par leur malice naïve, car j'ai pu faire ainsi pas mal d'observations curieuses. Mais, à franchement parler, mon quart d'heure écoulé, je me levais et saluais mon monde volontiers. Le spectacle n'était-il pas pareil chez toutes les « chère madame » qui me recevaient?...

Ce que je préférais, c'étaient mes longues visites de la semaine. Comme de ton temps, Elle a continué à me recevoir en particulier avec deux amies intimes, sans étiquette, en toute franchise. Quelles bonnes après-midi passées ainsi !...

J'arrivais à trois heures ; je *la* trouvais dans un coin, en train de lire. Sitôt mon apparition dans le cadre de la portière, elle se levait, me tendait la main à l'anglaise, en bonne camarade, et nous causions. Nous causions de tout et de rien : littérature, journalisme, modes, menus cancans de coulisses ou de salons, chaque sujet arrivait à son point et c'étaient des bavardages à n'en plus finir qu'égayaient ses fines saillies ou son petit rire drôle.

Vers quatre heures, la femme de chambre apportait à goûter — des croquignoles, des confitures, du madère — et, comme deux enfants, nous jouions à la dînette ! La nuit seule me chassait. Dès le crépuscule, quand Elle se levait pour écarter un peu les rideaux de guipure couvrant les vitres, je me préparais à présenter mes devoirs. Mais un mot, puis un autre me faisaient me rasseoir et je restais jusqu'à ce qu'on apportât les lampes.

Au début, ces visites m'avaient été un simple passe-temps. Cette petite femme m'intéressait, m'amusait avec ses allures garçonnières et sa vivacité d'esprit qui lui permettaient de tout entendre, de tout comprendre et de tout dire. C'étaient des après-midi tuées agréablement, non pas à la façon banale de toutes les autres. Mais peu à peu, elles me devinrent un besoin. J'ai commencé par les prolonger, retardant la minute du départ, comme pris par un gris vague quand je passais la porte cochère, énervé par le mouvement trop bruyant de la rue où je retrouvais des figures trop connues. Elle, de son côté, semblait ne pas se fâcher, ni me trouver importun. Je continuais ; je cherchais même des occasions de renouveler souvent mes visites et Elle y consentait de bonne grâce.

Parfois même, Elle me les fournissait. Tu sais son cœur d'or et l'intérêt qu'elle porte à toutes les œuvres de charité. Elle fait partie de bien de ces sociétés féminines, où, à côté de coquettes qui ne voient là que l'occasion de réunions où cancanner, se trouvent de bonnes âmes ne demandant qu'à faire un peu de bien. Quêtes, loteries, concerts et bals de charité, c'est elle qui lance tout et, comme je m'étais mis à ses ordres, elle aimait bien m'appeler pour l'aider, lancer des invitations, placer des billets de tombola. Te dirai-je si j'y courais ?... Entre nous, nous abattions rarement de la besogne, nous oubliant dans nos conversations habituelles. Au moment de partir, j'observais qu'il restait beaucoup à faire et je revenais le lendemain.

Voilà six mois que ce jeu dure. Si l'esprit est prompt, le cœur est faible. Elle a dû faire, il y a quelque temps, un voyage d'une huitaine. Je me suis alors rendu compte de la réalité. Je m'étais laissé doucement assoupir, griser par ce contact, m'imaginant bien franchement que je n'avais pour Elle qu'une bonne amitié. J'oubliais qu'il est impossible de frôler souvent femme semblable sans en devenir amoureux. Pendant sa courte absence, j'ai bien senti qu'il manquait quelque chose d'essentiel à ma vie. Je me suis tâté, interrogé et, ma foi, j'ai dû m'avouer pris.

Je n'aurais cependant jamais eu le courage de le lui dire si le hasard ne s'en était chargé. C'est là que mon histoire devient bizarre... Ecoute plutôt.

Imagine-toi qu'avant-hier, veille de Noël, je reçois un bristol parfumé : « M. Lafont, m'y écrivait-Elle, voudrait-il se rendre chez Mme Bérenger ce soir à 10 heures ? Les Brunet s'y trouveront. On réveillonnera avant la messe de minuit. »

Comme tu penses, j'ai bien voulu. Avec une royale exactitude, je sonnais à dix heures chez Mme Bérenger. La « petite veuve rouge » attendait dans son boudoir, mais non point en toilette de ville, comme il convient à une dame qui compte sortir, pour aller à l'église. Je m'en étonnai. Elle me tendit une carte où M. Brunet s'excusait : sa femme s'était trouvée indisposée et ne pouvait venir.

— Voilà mon réveillon dans l'eau, pensai-je, et, navré, je songeai qu'il allait falloir écourter la soirée.

Nous causâmes. Je ne sais pourquoi, mais Elle me paraissait moins verveuse, presque gênée. Etait-ce notre situation assez étrange, tous deux, la nuit ?... De mon côté, je ne me sentais pas à l'aise. C'est idiot, mais — te l'avouerai-je ? — j'étais ému.

Elle réagit pourtant et essaya de la gaîté, mais je compris qu'elle se forçait. Un moment même, nous ne trouvâmes, ni l'un, ni l'autre, plus rien à nous dire.

— Tiens, fis-je pour rompre cet embarrassant silence, vous avez un arbre de Noël ?...

— Oui, je l'ai préparé pour les enfants pauvres, dit-elle. J'ai demandé ces joujoux et douceurs à des amis : j'ai même quêté et demain je l'enverrai à l'orphelinat.

— Toujours bonne, répliquai-je...

— Flatteur, je veux vous donner un démenti...

Et, arrachant une boîte d'ananas qui pendait aux branches, elle me la tendit :

— Une idée que j'ai... Les Brunet ne venant pas, j'ai contremandé le réveillon ; mais nous allons quand même grignoter quelques tranches d'ananas ensemble. Voulez-vous ?...

Elle sonna : la femme de chambre apporta du rhum, un sucrier, et Elle prépara tout, lentement, avec mille coquetteries qui me montaient. Elle me tendit enfin l'assiette. Gauchement, en tremblant presque, j'y découpai ma tranche. J'étais assis en face de mon hôtesse sur un fauteuil très bas...

Mon vieux Darigny, comment fis-je mon

compte ? Je ne me rappelle plus. Mais, avec un toupet que je m'ignorais, je tombai bêtement, comme un collégien, aux genoux de la « petite veuve rouge », lui débitant d'un trait un tas de choses qui m'étouffaient et que je ne saurais plus redire. Elle, de son côté, m'écoutait sans s'étonner, remuée comme une pensionnaire, inclinant sa jolie tête, avec de la joie dans ses yeux.

— Vous devez me trouver bien godiche, dis-je enfin en me relevant.

— Mais pas du tout, répondit-elle, dépouillant ses allures de bon garçon pour laisser battre son cœur de femme que j'avais fait vibrer, paraît-il.

Et elle m'abandonna sa main longue et blanche que je couvris de baisers.

Voilà... Voilà toute mon histoire. Elle date d'avant-hier soir et c'est à mon meilleur ami que, tout chaud, je la compte.

J'ai envoyé, dès hier matin, un ananas entouré de fleurs à ma... future — pour remplacer la part des pauvres — et, dans six semaines, Mme veuve Bérenger s'appellera Mme Lafont.

Bien à toi.

Ton LAFONT qui exulte.

POUQRUOI UNE VEUVE?

Deuxième d'Édouard Lafont à son ami Darigny

Mon cher Darigny,

Je reçois ta réponse à la lettre où je t'annonçais mon prochain mariage avec la « petite veuve rouge », madame .Béranger. Tu m'en félicites. Merci bien. Je suis d'autant plus flatté de tes bons compliments que je te sais très connaisseur en général, difficile même — presqu'un dilettante d'amour — et que, dans mon cas surtout, tu as droit d'appréciation, ayant pu jadis approcher souvent ma... fiancée et l'étudier de près. Tu essayas même du flirt, pas vrai?... Rassure-toi, je ne t'en veux nullement et n'ai pas le moindre brin de rancune ou de jalousie au cœur.

Deux choses cependant semblent t'étonner de ma part : ce subit emballement pour le ménage et le choix d'une veuve.

Je m'expliquerai brièvement sur ce que tu appelles mon accès de fièvre matrimoniale. Je t'en ai déjà dit les prodromes. Je t'ai décrit la sensation de souverain ennui et de lourde lassitude qui m'est venue du vide de mon existence esseulée de célibataire. Les passions d'un jour m'ont écœuré. J'ai tâté d'un peu toutes. De quelque apparence attrayante qu'elles se fardent pour nous surprendre, elles se ressemblent invariablement par leur inanité. Elles font plaisir un jour, avant qu'on s'y adonne; mais dès que nous nous livrons, le charme tombe et rien n'en demeure qu'un dégoût imprécis et le besoin de courir à de l'inédit. Malheureusement cet inédit s'épuise. Je suis au bout de mon rouleau, c'est-à-dire à point pour convoler en justes et légitimes noces.

Tu vas me dire peut-être que celles-ci à leur tour me fatigueront. Qui le sait?... Il ne faut point dire : fontaine..., affirme le proverbe, et bien fol est qui se fie au cœur humain — la chose la plus instable qui soit. Il me semble pourtant que le mal soit moins à craindre, cette fois. La folie d'un jour, en effet, nous vient soudainement — résultat de circonstances fortuites et d'un désir tout sensoriel. Elle ne fait donc que nous frôler à fleur de peau, n'atteint point au cœur et s'évanouit avec l'heure qui l'a vu éclore. Nous ne faisons, d'ailleurs, rien pour la retenir. Elle est un peu comme le gardénia que nous épinglons à notre habit avant le bal. Il se fane et tombe, sans que nous y ayons songé. La mode exige cette fleur blanche. Par routine, nous étranglons la pauvrette dans notre boutonnière... La passion vraie, au contraire, prend ses racines profondes plus bas que l'épiderme. C'est de l'âme même qu'elle part et nous tâchons qu'elle y vive. C'est la botte de roses soigneusement taillées qui s'épanouit dans une coupe, entretenue chaque jour et changée d'eau. Nous tenons à elle parce qu'elle embaume doucement notre boudoir et, tu le sais, comme elle, l'amour sincère possède son parfum lent dont le cœur a la nostalgie.

Elles s'effeuillent et meurent aussi, ces roses, c'est vrai — tout passe ici-bas. Mais sur les branches où agonise leur fraîcheur, des boutons dégrafent leur corselet vert, laissant percer la pointe colorée des fleurettes nouvelles qui les remplaceront. C'est toujours l'histoire du mariage. La famille est la suprême garantie du bonheur dans le ménage et l'enfant choyé le trait-d'union qui remplace l'amour, s'il est défunt.

En un mot, le mariage est surtout un but à l'existence... la raison de vivre, et n'est-ce rien, que de savoir pourquoi nous traînons nos journées si semblables les unes aux autres? N'est-ce rien d'avoir constante une idée qui comble le vide de l'âme et du cerveau?...

Voilà pourquoi j'épouse, cher. Je frise la trentaine. C'est l'âge où se doit tenter l'aventure. L'on a encore tous ses moyens, avec en plus un grain d'expérience qui permet de rendre une femme heureuse — et c'est là le secret de son propre bonheur.

Mais, malgré ma ferme intention, je m'étends trop complaisamment à résoudre ton premier point d'interrogation. Tu m'en excuseras, comme de cette petite chevauchée à travers les comparaisons fleuries et azurées. Que veux-tu? J'ai du bleu à l'âme ; ma plume n'a pu que s'y baigner... Je la ramène cependant à son encrier et réponds à ta seconde question — l'importante.

Pourquoi une veuve, demandes-tu?... Je pourrais simplement te renvoyer à cet axiome rabaché que l'amour, comme la justice, est aveugle. Quand je t'aurais dit que je suis follement épris de madame Bérenger, tu n'aurais plus à insister. Car il n'est pas de meilleure raison et tu connais trop la « petite veuve rouge » pour ne la point admettre. Oui, j'en suis toqué, et pour tout autre que toi, je me passerais d'un second argument. Mais en raison des théories que j'affichais autrefois et que tu te rappelles sans doute, je te dois un supplément d'information — comme on dit au Palais. Je m'exécute.

Tu le sais, il n'y a pas longtemps, au cours de nos bonnes causeries où fraternellement nous déshabillions l'intimité de nos pensées, j'ai souvent exprimé l'avis que le grand attrait du mariage — dans sa lune de miel, au moins — consistait dans l'éducation de l'épousée. J'étais loin de songer à une veuve!... Je ne comprenais guère que l'union avec une vierge qui apporte à l'homme sa beauté sans souillure. C'est, disais-je, une garantie pour qu'elle soit la chose de son mari. Cire encore molle, celui-ci peut la pétrir à sa fantaisie, lui donner l'empreinte désirée, se l'assimiler davantage. Puis... je songeais à la délicate jouissance de voir cet être, pris enfant encore, croître peu à peu, se développer, devenir femme non seulement de corps, mais de cœur aussi. Ses étonnements l'abandonnant à chaque page du livre de la vie, ses illusions de bébé tombant devant une réalité qui a son charme, ses plaisirs nouveaux résultant de connaissances nouvelles, tout cela doit être exquis, pensais-je. Cette situation d'élève, qui a tout à apprendre, lui inspire, en outre, quelque respect pour son initiateur et la fait plus souple, plus passive. Enfin, la fillette n'ayant jamais que joué à la poupée et à la dînette est délicieuse de mutinerie gauche quand c'est sérieusement qu'elle joue son rôle de ménagère et quitte les layettes d'un « bébé Jumeau » pour le caleçon ou le faux-col de monsieur son époux!...

Je croyais à tout cela, alors... Aujourd'hui, près de risquer le grand pas et de passer le Rubicon matrimonial, j'ai réfléchi, bien réfléchi... et quelque peu changé d'avis... Si je faisais un faux pas... Tout arrive!

Cette éducation a son avantage, je n'en disconviens pas, mais je me vois mal en magister d'amour. Que d'aûtres s'en acquittent... J'aime mieux la besogne toute faite...

D'abord, au siècle où nous vivons, comme dirait Prudhomme, la jeunesse est fort avancée et nos vierges parfois ne le sont que de chair. Lectures ou conversations ont souvent défloré chez elles l'intelligence et le cœur. Qu'il doit paraître niais, alors, le mari qui se pose prétentieusement en oracle amoureux et croit lever des voiles quand ils ne sont plus. On lui rit au nez — pauvre piteux !... — ou bien l'on dissimule et le raille sous cape — ce qui est pis, car l'hypocrisie s'en mêle.

En tout cas, il est toujours une désillusion première pour la jeune fille que brutalement le mariage jette dans la douloureuse réalité de l'amour initial. Or cette désillusion ne doit-elle pas être pire quand romans et bavardages entre amies ont déjà échauffé l'imagination de la fiancée et enjolivé ses chimères?...

Au reste, quand bien même la jeune fille aurait son absolue naïveté, Balzac nous en a prévenus depuis beau temps : de la première nuit de noces dépend souvent le bonheur d'un ménage. Balzac a, ma foi, raison. Il n'est pas d'heure plus délicate à vivre, car elle marque dans les souvenirs de la femme. Plus tard, un jour vient, gros de désespérance, et sonne la minute des froissements inévitables et des discussions. Elle se rappelle alors... Le mari, audacieux d'amour le premier soir, lui paraît avoir été brutal, tandis que le timide provoque son rire et passe pour avoir été gauche, embarrassé de soi-même... La curiosité, la malsaine curiosité de savoir si les hommes sont semblables, l'appétence d'une comparaison n'envahissent-elles pas à ce moment l'épouse et ne la prédisposent-elles pas à la faute?...

Je peux donc affirmer qu'il y a plus de sécurité avec une veuve, en matière de fidélité. Celle-là est au moins éduquée.

— Trop éduquée, dis-tu, et la pensée te révolterait qu'elle ait appartenu à un autre avant toi...

Je n'en suis plus là, je l'avoue... Somme toute, confessons que nous, — le sexe hideux autant que fort — nous sommes d'un profond égoïsme. Nous exigeons tout de celle qui nous tend la main : beauté, grâce, fortune et virginité. N'est-ce pas abusif? Quel est notre bagage? La laideur, d'affreuses habitudes, les bretelles, le tabac, le jeu, le cercle, des dettes, parfois des... rhumatismes et les miettes des folles dont les griffes roses ont gaspillé notre jeunesse. C'est bien peu! Qu'importe après tout qu'elle ait été dans d'autres bras? Ne buvons-nous pas dans le verre d'un autre, à condition qu'il soit rincé et que cet autre ne s'y abreuve pas en même temps?... Or, avec une veuve, je suis bien sûr que feu mon prédécesseur ne partagera pas. La coupe sera toute à moi... Je m'y griserai seul.

Crois bien, d'ailleurs, que je songerai rarement à celui dont je prends la place. D'autant que ce n'est pas sur ses restes que j'aimerai... Le pauvre!... Il n'eût certainement pas cédé ses droits, s'il n'avait dépendu que de lui.

L'important est qu'Elle m'aime et j'ai de bonnes raisons de croire qu'il en est ainsi. Une veuve n'est, en effet, plus comme la jeune fille qui se laisse souvent marier par papa et maman, parfois même par des étrangers, qui accepte un prétendant parce qu'il a la taille bien faite et répond au petit idéal qu'elle s'est forgé, qui tient enfin à ne point coiffer Sainte-Catherine, à ne plus être traitée en bébé, mais veut avoir son intérieur et s'entendre appeler « madame » le long du bras — ce qui fait très bien auprès des petites camarades jalouses. Une veuve épouse parce qu'elle le veut. Et pourquoi le voudrait-elle, si elle n'aimait?...

Mme Bérenger surtout... Jeune, jolie, riche, qu'a-t-elle à faire de ton ami Lafond? Elle a sa cour qui sature son amour-propre de compliments et de madrigaux. Les allures cavalières qu'elle a su prendre lui donnent toute latitude. Elle est libre, entièrement libre, comme toi et moi. Pourquoi consent-elle à me distinguer de ses nombreux adorateurs pour s'enchaîner à nouveau, perdre ces avantages et s'embourgeoiser devant monsieur le maire?

Enfin, ce choix d'une veuve, bien que ne me permettant pas les douceurs de l'initiation, me réserve d'autres jouissances peut-être préférables. Tu le sais, du pot-au-feu n'en faut, mais pas trop n'en faut. Il repose un jour pour fatiguer le lendemain. Alterner est nécessaire et — avec une veuve — devient possible. Déjà formée, elle ne dédaigne pas, à ses heures, d'être la maîtresse de son mari. Celui-ci peut jouer franc jeu avec elle et relever un tantinet le ragoût du ménage. J'estime que c'est là un avantage à ne point dédaigner.

Tu vas m'objecter qu'ayant épelé au livre de l'amour et en connaissant plus d'une page, elle peut faire la comparaison entre ses deux ecteurs. C'est vrai... mais, pour toute réponse, laisse-moi te dire que je ferai de mon mieux pour être en voix. Je vais, d'ailleurs, pour cela ne point mordre à un fruit vert — le fruit vert est toujours âpre et fait tousser — mais à un beau fruit velouté, mûr à point, savoureux et juteux.

Voilà mon plaidoyer *Pro Vidua*, mon cher Darigny. Il ressemble à une dissertation. Tant mieux s'il doit me valoir ton réquisitoire...

Bien à toi — et à Elle.

EDOUARD LAFONT.

LE « CADRE »

— Tu viendras, pas vrai ?... interrogea-t-il.

— Mais, dit-elle, que pensera ma mère ? Elle ne me laisse jamais sortir le dimanche...

— Oh ! ta mère... il faut un commencement à tout ! Tu lui raconteras que tu as combiné une promenade avec tes amies de l'atelier...

Il devinait bien que l'objection n'était que pure coquetterie de fille enchantée de se faire prier. Et cela l'énervait... Aussi le prit-il de haut et d'un ton presque impératif, déclara :

— Tu viendras, c'est entendu.

Surprise, presque matée, la petite lui tendit la main. C'était un consentement. Ils se dirent alors au revoir et il la laissa quitter seule le square à peu près désert, tandis qu'il prenait la direction contraire — comme d'habitude.

Car cela devenait une habitude, depuis quinze jours qu'il avait ébauché ce roman, — le banal roman du bon jeune homme et de l'ouvrière « modes et confections. »

*
* *

Non pas qu'il fût le professionnel de ces sortes d'idylles. Au contraire. Employé d'une administration de l'Etat, il était de la nouvelle école et comptait parmi les jeunes auxquels le rond-de-cuir fait horreur. Il avait accepté cette situation en raison de sa jeunesse et seulement pour effectuer un stage lui permettant de caresser dans l'avenir de plus hautes ambitions. Aussi, sans rien négliger de la besogne officielle, savait-il se créer d'intelligentes distractions. Il lisait énormément, écrivait un peu — pour lui — faisait de la musique. Et dans cette atmosphère d'intellectualité dont il s'imprégnait, son esprit avait appris le dilettantisme.

Tout s'était affiné en lui et, par-dessus tout, la vulgarité blessait sa délicatesse. Aussi, en amour comme en toutes choses, avait-il des idées, — ou mieux, des préférences — bien arrêtées. Les femmes lui semblaient toutes pareilles. Fades ou spirituelles, belles ou jolies, il les supposait à peu près égales pour la satisfaction du désir. Une seule chose, à son regard, pouvait les différencier : c'était ce qu'il appelait le « cadre » — le décor plus ou moins luxueux dans lequel se jouait l'érotique comédie, le parfum plus ou moins aphrodisiaque, le linge de batiste plus ou moins fine, les dessous de dentelles ou de soies plus ou moins froufroutantes. De ce « cadre », qui était comme une émanation d'elles-mêmes, puisqu'il était leur œuvre, il déduisait les goûts des femmes et pressentait ce que pouvait être leur intimité.

*
* *

Ainsi bâti, il ne pouvait guère raffoler de ces menues trottins mal ficelées qu'il voyait sortir de leurs ateliers à midi, ou le soir, vers sept heures. Leur accoutrement équivoque, leurs bavardages vulgaires, leur démarche volontairement provocante et disgracieuse lui déplaisaient. Il comprenait que les vieux beaux courussent derrière ces « polissons » mal formés ; mais il n'admettait pas que des jeunes gens leur fissent la chasse quotidienne.

— Il ne faut jurer de rien, lui avaient dit pourtant les camarades auxquels il reprochait ces liaisons.

Et, en effet, il en était arrivé là. Seul, ennuyé d'une rupture récente, il avait résolu de secouer son *spleen*, mais non plus en compagnie d'une maîtresse élégante et parfumée. Le « cadre » lui pèserait maintenant en lui rappelant *l'autre*. Et poussé par un besoin d'inédit un peu bourgeois, il s'était mis à flâner et à fixer au passage les petits museaux trop poudrés de ces fillettes. L'une d'elles lui avait paru acceptable et il s'était mis en campagne — campagne facile et « suivant la formule. »

Depuis quinze jours, cela durait. Il l'attendait matin et soir, lui faisait faire école buissonnière vers un square peu fréquenté, avait offert quelques cadeaux anodins et en était au tutoiement. Sans qu'il lui trouvât charme grand, la petite, d'ailleurs, ne l'ennuyait pas encore et par leur banalité, nouvelle pour lui, ses papotages l'intéressaient.

Pourtant, il pressentait la lassitude proche et voulait hâter les choses. C'est pourquoi, tantôt, il lui avait demandé sa journée du lendemain, dimanche. Il l'emmènerait hors la ville, selon l'usage, et là... il verrait.

* *
*

Maintenant, ils allaient tous deux, bras dessus, bras dessous. Il faisait une belle matinée de fin de février algérien. Dans le ciel impeccablement bleu, le grand soleil semait la fine poudre d'ambre de ses rayons. Enveloppée de douce lumière, la campagne exultait. Des aiguilles sombres des pins aux petites herbes folles des talus, toute la gamme verte se déployait chantante. Dans les jardins, les amandiers fleuris portaient de blancs flocons tachetés de gouttelettes roses. Sur les villas coquettes, les bougainvilles se drapaient, comme violets camails d'évêques. Et pour mieux profiter de cet avant-printemps, ils avaient renvoyé leur fiacre et continuaient la route à pied. Cela les dégourdissait. Et puis... Lui s'apercevait que, décidément, la conversation languissait dans la voiture.

En musant de la sorte, ils arrivèrent au

but de l'excursion, — un modeste restaurant rustique, avec tonnelles où s'accrochait un lierre aux feuilles drues et vernies. « Salons particuliers », annonçait l'enseigne vieillotte dont la pluie d'hiver avait pâli la peinture. Il en demanda un. C'était une mauvaise pièce étranglée, aux murs mal badigeonnés de chaux, avec, pour tout mobilier, une table de noyer, deux chaises et un canapé boiteux dont le reps montrait la corde. Aux murs, quelques chromos que les mouches nombreuses avaient ternis. Il donna des ordres et tandis qu'une vieille, lente et cassée, mettait le couvert, il sortit, préférant le plein air à l'humidité de ce cabinet.

*
* *

— Si « ces monsieur et dame » veulent manger, annonça la vieille au bout d'un instant. Et ils entrèrent tous deux, lui, regrettant presque de n'avoir point fait installer la table dehors, sous la verdure.

Pourtant, cette mauvaise impression se dissipa peu à peu. Une bonne odeur de cuisine emplissait « le salon particulier », chassant le vague relent de moisissure de tout à l'heure. Ayant faim, cela lui faisait plaisir — et gaîment, il attaqua le déjeuner. La petite aussi avait creux estomac. Pendant un moment, ils parlèrent peu.

Trois plats défilèrent, puis vint le dessert. Il s'étendit alors sur le canapé boiteux et alluma un cigare pour préparer sa digestion. Elle vint s'asseoir à ses côtés, alourdie par le vin blanc émoustillant. Et sa langue bavarde partit bon train, tandis qu'avec des ondulations de chatte, elle se collait contre l'ami.

Celui-ci en fut d'abord amusé. Cette figure allumée, ce frêle corps secoué de nervosité lui parurent plus agréables que de coutume. Celle-là, du moins, s'abandonnait sincère à ses sensations... Et de son côté, il sentit sa chair émue par le contact. Il l'embrassa, sa main s'égara jusqu'au corsage qui s'entrebâilla. Mais, il n'alla pas plus loin.

Ce n'étaient certe pas les : « Non, pas ça ! » de la fillette qui le glaçaient. Il les connaissait par cœur, sachant trop bien qu'ils disent l'abdication de la femme. Ce qui figeait ses doigts, c'était le linge qu'ils rencontraient — l'épais calicot de la chemise qu'il sentait rugueuse et sans parures.

— C'est idiot, pensa-t-il pourtant. Je ne suis point avec une duchesse.

*
* *

Ce n'était pas du « cadre » qu'il cherchait avec ce gibier « nature ». Et il voulut aller de l'avant. Mais ce fut plus fort que lui. La répugnance de son épiderme se compliqua d'une réflexion sur la vilenie qu'il commettait en abusant de l'enfant. Il savait bien qu'un autre viendrait après lui qui serait moins scrupuleux. Mais malgré son raisonnement de sceptique, sa conscience se dressa en face de son désir et il eut peur d'un remords. Car ce ne pouvait être qu'un caprice d'un jour et jamais il ne pourrait en faire sa maîtresse.

D'ailleurs, le *spleen* le reprenait. En face de lui, par la fenêtre basse, il apercevait de gros nuages roulant à l'horizon, si bleu le matin. Et cette tristesse du ciel le pénétrait. Il comprit que sa journée était gâchée :

— Voilà la pluie, dit-il, elle pourrait tomber bientôt. Partons avant qu'elle nous surprenne.

Et comme la petite, toujours excitée, se regrafait, penaude, il ordonna de sa voix brève :

— Filons.

NOCE BLANCHE

(*Journal d'un chroniqueur non marié*)

. . . .

Qu'il fait bon remuer de temps en temps ses vieilles paperasses! C'est un peu la besogne du garçon qui se range et essaime son herbier d'amour, effeuillant une à une les fleurettes fanées et décolorées — pauvres mortes qui ne parlent plus au cœur. On trie ses anciennes notes, ses vieux papiers, les pages découpées et conservées. On en serre quelques-unes qui intéressent encore; on sème les autres à la brise, et c'est une douce évocation du passé revécu en quelques minutes...

Je viens de m'y amuser un instant, pour tuer cette longue soirée pluvieuse, et c'est avec une infinie jouissance que j'ai respiré ces vieilles poussières de tiroir — qui sont un peu des poussières d'existence. Marié depuis longtemps, plus rien ne demeure dans mes casiers qui me puisse remémorer mes douces folies de célibat. Le premier bonnet blanc de bébé et le hochet d'ivoire dont il amusa la douleur de ses quenottes naissantes ont remplacé les faveurs aux teintes mourantes, et les poulets jaunis dont les plis respectés se fendillent, et les boucles fines d'amoureuses, et les bleus myosotis cueillis à deux antan... Je croyais ma jeunesse papillonne emportée par le même vent d'oubli. Voici qu'un rien me la vient rappeler...

Dans ma vie de chroniqueur, j'ai toujours aimé — quand elles étaient originalement conçues — collectionner les invitations aux fêtes que je devais « honorer de ma présence ». J'ai conservé aussi les programmes joliment enluminés et c'est à l'un d'eux que je dois mon plaisir de ce soir... Il est en soie mauve tendre, festonné de broderies à la main ourlant un encadrement fleuri. Au centre, en lettres d'or aujourd'hui pâlies, le nom des artistes s'aligne avec, en regard, celui des personnages dont ils emplirent le rôle.

En tête, en plus gros caractères, éclate triomphalement un nom de femme — Paula Mary — la divette au bénéfice de laquelle la soirée se donnait et qui m'avait adressé ce chiffon coquet....

Paula Mary... Quels drôles de souvenirs fait soudain voltiger autour de lui ce nom exhumé tantôt !... Depuis dix ans déjà, je ne l'ai point revue et, néanmoins, sa silhouette se profile nette devant mes yeux. Je l'aperçois encore, petite, menue, d'une étonnante minceur de taille, avec ses bras de poupée s'arrondissant pourtant harmonieusement et sa frimousse rieuse, où pétillaient deux yeux gamins et, entre des lèvres rouges, se déroulaient deux liserés de nacre. Elle n'était pas jolie, jolie, mais gracieuse d'une grâce polissonne qui lui seyait. Elle chantait l'opérette, genre échevelé, et après avoir amusé les publics de force théâtres français, voire étrangers, le hasard des engagements l'avait amenée sur la scène dont j'étais chargé d'apprécier les pensionnaires.

Les relations entre artistes et journalistes se nouent d'ordinaire suivant une formule quasi consacrée. L'actrice se rend au bureau de la rédaction et se présente au directeur, puis au critique, en se recommandant à leur sollicitude. Cette visite est rendue et dès lors, suivant les sympathies — et le talent de l'artiste — un compagnonnage s'établit, plus ou moins étroit, entretenu par les bouts de conversations dans les coulisses, entre deux scènes ou durant un entr'acte.

Ce fut pourtant d'une autre façon — bizarre comme tout fut bizarre en notre aventure — que je connus Paula Mary. Garçon à cette époque et sans intérieur, j'abritai mon célibat dans un de ces *furnished apartments*, où, avec le confortable, se paient une entière liberté d'action et la discrétion d'un domestique stylé. Se trouvant à proximité du théâtre, celui-ci était souvent habité par des artistes. Paula Mary, comme d'autres camarades, s'y installa. Entre locataires ayant porte sur même palier, la connaissance n'est pas longue à faire. Le lendemain de son arrivée, je voisinais avec la petite divette...

Voisinage, d'ailleurs, inoffensif.... se réduisant à quelques brins de bavettes taillées de temps à autre. Quand j'apercevais sa porte entr'ouverte, je frappais, m'installais sur un coin de canapé laissé libre par la garde-robe étalée capitonnant tous les meubles du salon d'un fouillis de soies et de dentelles. Paula trottinait dans la pièce de son petit pas de souris, et nous bavardions de tout et de rien... Le plus souvent, des renseignements qu'elle me demandait sur le public plus ou moins grincheux, sur les toilettes à remonter, sur la sévérité de la presse... Parfois, des fâcheux nous venaient interrompre : le perruquier apportant ses postiches, la couturière avec son essayeuse, le portefaix réclamant la malle où s'enferment les toilettes à transporter chaque soir au théâtre. Je me levais alors, lui serrais la main et sans se déranger, toujours avec son sourire jeune :

— Au revoir, p'tit vieux, me jetait-elle de son air gavroche...

Et je me retirais dans mon *home* sans songer à mal...

Un soir, pourtant, tout faillit changer. Il y avait répétition au théâtre. J'y allai négligemment, pour tuer un morceau de soirée, comptant bien me retirer de bonne heure... Je revois encore la scène obscure, à peine éclairée d'un jour livide par deux becs de gaz descendus des frises. Près de la rampe, à gauche, le pianiste plaquait de sommaires accords pour guider les voix, tandis qu'assis à ses côtés, le chef d'orchestre — son haut de forme campé en oblique presque sur la nuque, — battait la mesure et faisait à haute voix des observations bourrues. En bas, aux fauteuils, le régisseur surveillait, corrigeant les attitudes des artistes, leur jeu, leurs allées et venues. Pas un décor n'égayait la scène : seuls, indiquant les plans et les praticables, des bancs couraient sur la ligne des coulisses.

C'est derrière l'un deux que je m'étais campé pour causer avec Paula, chaque fois que son rôle ne l'appelait pas en scène. Nous parlions de la pièce, des sujets, du succès probable de la première et de temps en temps, à brûle-pourpoint, au milieu d'une phrase, elle se levait brusquement, glissait entre deux bancs, la réplique aux lèvres, le geste posé.

A onze heures, je voulus partir.

— Non, me dit-elle, restez. On ne répétera probablement pas e « trois ». On sera tôt libre. Attendez, vous m'accompagnerez...

Je ne pouvais refuser. Et quelques instants

après, le régisseur renvoyant son monde, je m'acheminai, au bras de Paula — à l'anglaise — vers nos *furnished apartments.*

— Si nous allions souper, proposai-je.

— Inutile, répondit-elle, j'ai du foie gras chez moi! nous ferons dînette ensemble. Voulez-vous?..., Ce sera plus drôle...

L'idée me sourit. De folichonnes pensées me passèrent même en tête et je projetai — je puis dire le dire, ma femme ne lit pas par-dessus mon épaule — je projetai une nuitée joyeuse. Théâtre et vertu ne s'accordent guère, pensai-je, et ma foi!...

Je commençai mon siège, me montrant plus empressé que d'ordinaire, aidant Paula à mettre le couvert — elle n'avait pas voulu réveiller la femme de chambre — et profitant de toutes occasions pour la frôler. Elle feignait, du reste, de ne s'apercevoir de rien et continuait à tout disposer. Quand ce fut prêt, nous nous installâmes à la petite table qu'éclairaient deux bas candélabres à trois branches.

Je me rappelle comme d'hier l'appétit dont Paula grignota ses tartines où fleuraient si bon les bribes de truffes écrasées... On eût dit une pensionnaire en vacances, ou une novice à son premier souper... Elle fut amusante au possible.

Sur la fin, égrenant un raisin d'arrière-saison un peu roux et fripé, je me rapprochai d'elle insensiblement et lui passai la main derrière l'épaule. Elle ne protesta pas. Je m'enhardis alors et traîtreusement — mon Dieu, si ma femme lisait! — traîtreusement j'embrassai sa jolie nuque blanche.

Sa gaîté tomba dès lors brusquement, son sourire prit une triste expression et me regardant d'un air douloureux :

— Vous êtes donc tous les mêmes..., me dit-elle.

Je demeurai interloqué :

— Comment, murmurai-je pourtant au bout d'un instant.

— Oui, reprit-elle, vous êtes tous les mêmes,

les hommes... Des mâles et rien de plus. Tenez, lisez.

Elle sortit de sa poche une enveloppe chiffonnée dont elle tira une lettre qu'elle me tendit. Le papier rose portait le nom d'un clubman fort connu en ville. Dans le style d'usage, le signataire rendait juste hommage au talent de Paula mais surtout à sa beauté. Il venait, disait-il, l'applaudir chaque soir. Le fauteuil auquel il était abonné était exactement indiqué et après des propositions des plus commerciales, il donnait sur sa propre solvabilité et sa situation financière les meilleurs renseignements. Le tout se terminait naturellement par la demande d'un rendez-vous au cas où ses offres seraient agréées.

Quand j'eus fini de lire, elle reprit le papier, le déchira nerveusement et le jeta au feu.

— Tous des cochons, les hommes, dit-elle alors, se dégonflant. Tous!... J'en reçois comme ça, chaque soir. J'espérais que vous ne feriez pas comme les autres et j'avais eu cette idée de souper d'amis...

— Je me fichais le doigt dans l'œil, continua-t-elle. Vous vous valez tous...

— Mais, hasardai-je...

Elle ne me laissa pas me justifier :

— Oui, parce que nous sommes des femmes de théâtre, parce que nous débitons des rigolades aux badauds et que nous leur montrons un bout de peau... De la viande à louer, pas vrai?... Ah ! cochons, cochons !...

Elle se prit alors à pleurer d'énervement, s'interrompant par quelques phrases hachées :

— C'est vrai, on a un amant... Il faut bien vivre; c'est pas le théâtre qui suffit... A peine de quoi payer le costumier... On a un amant, mais rien qu'un et on est fidèle... et on n'en change pas comme de scènes....

La crise ne dura pourtant pas. Quelques minutes après, elle était calme.

— Oh! puis... n'en parlons plus. J'avais besoin de me détendre les nerfs ; ça repose.

C'est fini, hein ?... On va rire encore... p'tit vieux...

Sa gaîté reprit le dessus naturellement, sans efforts.

— Je ne vous en veux pas, ajouta-t-elle, vous avez fait votre métier d'homme... Excusez mon emballement ; mais promettez-moi de me traiter dorénavant en camarade et rien de plus. Cela vaudra mieux, croyez-moi... C'est le seul moyen de ne jamais se fâcher.

Je promis et la conversation reprit son allure amusante.

Paula — en riant, cette fois — me montra même d'autres billets de postulants et nous rîmes ensemble de leur bêtise plate. Pour chacun, l'actrice avait une malicieuse drôlerie.

La pendule sonna trois heures.

— Si on allait faire dodo, proposa Paula.

Je me retirai :

— Surtout, lui recommandai-je, la mine un peu marrie, surtout ne me trouvez pas trop bête...

— De quoi ?...

— A trois heures du matin sortir en tout bien tout honneur de chez une artiste... Qui voudrait le croire ?...

— Laissez donc... Les imbéciles penseront ce qu'ils voudront...

Et me tendant franchement la main, elle m'accompagna jusqu'à ma porte...

Depuis je demeurai le meilleur ami de Paula...

Chère Paula, où est-elle aujourd'hui ? Depuis dix ans, qu'elle a été sa vie ? Sa voix fraîche lui vaut-elle toujours les applaudissements de la foule ? Le public méchant l'a-t-il brisée, en soulignant des défaillances à la longue inévitables ? Est-elle vivante, mariée, artiste ?... Qui le sait ?... Peut-être s'est-elle transformée en bonne bourgeoise ?... Peut-être, retenue quand même par l'attirance des planches, a-t-elle échoué sur une scène inconnue ?... Peut-être encore a-t-elle roulé et, malgré ses honnêtes aspirations, est-elle tombée de bras en bras, de chutes en chutes ?

Je n'ai plus entendu parler d'elle... Je l'aurais oubliée, sans ce chiffon de soie mauve tendre qui me l'a rappelée, ce soir, ainsi que cette noce blanche dont elle a peut-être ri plus tard, mais dont elle pleura aussi et qui m'attendrit, moi, rien qu'en y songeant....

. . . .

CHORISTE

— Il y a une lettre pour vous, madame Adèle, lui avait dit la concierge du théâtre, tandis qu'elle allait à la répétition.

Et tout de go, avec un brin de carillon ému dans sa poitrine, Adèle avait couru au grillage derrière lequel se déposent les enveloppes au nom des artistes. Elle avait vite découvert la sienne dans le tas et, déchirant le blanc papier, avait lu hâtivement.

— Oh, la la, mince de correspondance, avait même grincé de sa voix éraillée la petite Marthe, toujours moqueuse et gavroche.

— Un miché ?... avait aussi interrogé Laura, une futée volontiers jalouse des camarades.

Et toutes deux s'étaient rapprochées.

— Mais, non... C'est mon engagement d'été, avait alors répliqué Adèle, jetant un peu d'eau froide sur leur soupçonneuse et féminine curiosité.

— Ah... Et dans quelle boîte ?...

— Là-bas, dans un casino, au bord de l'eau...

C'était vrai. La lettre lui apprenait que, sur une plage d'Océan, elle avait six mois de pain assurés ; et de se savoir ainsi casée pour une saison encore, la pauvre choriste avait eu toute son après-midi de plein bonheur...

... Maintenant, rentrée chez elle, dans le coin de chambre où, sur un fourneau à pétrole, elle apprêtait son maigre dîner, son exaltation commençait de tomber. Dans son embryon d'âme simple filtrait la languide mélancolie du crépuscule. Au bout des nuages roses qui, doux et pâles, se fondaient à l'azur, sa pensée s'amollissait en de rêveuses demi-teintes. Elle songeait... Elle songeait qu'elle s'était fait une rude existence de vide et d'en dehors. Et tout le naïf sentimentalisme de la fille lui remontait lentement au cœur. Une sensation mal définie la poignait à la gorge. Pour un rien, elle aurait pleuré.

Ah ! si elle avait su...

Elle eût, tout comme une autre, fait une bonne femme de ménage. Elle n'était pas maladroite de ses doigts, savait broder et coudre. Comme ses sœurs, elle aurait pu « se mettre ouvrière » et travailler à de belles robes de soie ou de velours, à côté de camarades qui ne songeaient qu'à rire et chanter. Le soir, à la sortie de l'atelier, elle aurait eu un bon ami pour la raccompagner chez les vieux et ça aurait duré ainsi jusqu'au jour où un brave gars aurait mis sa patte solide dans sa menotte aux extrémités pointillées de noir par les aiguilles.

Et Adèle, dans sa songerie, se recomposait une existence. Elle se voyait penchée sous le gaz, dans la salle de couture égayée de romances ; ou bien, le dimanche, échappée à la campagne en compagnie de l'amoureux auquel elle laissait voler tout ce qui est permis — quelquefois davantage; ou encore mariée, installée, ayant oublié quelques peccadilles de jeunesse, et raccommodant les accrocs de sa vertu avec de l'amour — l'amour des gosses dont la nichée l'entourait... Il semblait à la choriste esseulée que sa pensée devenait réalité. Vivant presque son rêve, elle détaillait par le menu les moindres actes de la vie qui aurait pu être sienne. Il lui semblait trottiner dans son intérieur, modeste mais propret, entendre piailler les petits et entrer son homme ; elle le disputait un tantinet, lui reprochait de venir tard, puis signait la paix d'un baiser. Et follement, Adèle se prenait à sourire à la chimère désormais insaisissable.

Insaisissable, car malheureusement, elle n'avait pas su orienter sa destinée. Elle s'était forgé un conte bleu sur le théâtre et sur les belles filles qu'elle y avait vues se pavanant en scène avec de belles robes tentantes. Ce miroitement de satinettes et de similis, chatoyants en l'encadrement lumineux de la rampe et des frises, avait attiré l'ignorante alouette. Elle avait désiré ce décor fascinateur pour son museau de diable rose. Et un beau matin, trop fortement saisie par cette envie, elle s'était risquée et avait fait son premier pas — celui qui ne coûte pas.

Maintenant, que depuis dix ans elle traînait, dans l'atmosphère frelatée des planches, des journées et des nuits toujours pareilles, maintenant un regret lui venait de sa vie gâchée. Comme elle aurait aimé revenir en arrière ! Elle jalousait presque les bonnes femmes en cheveux qu'elle apercevait chaque soir riant, pleurant, applaudissant dans les galeries hautes. Elles se distrayaient au moins, celles-là, et rentrées chez elles, après le spectacle, elles retrouvaient un foyer, un nid d'intimité qu'elles n'avaient pas à renouveler tous les six mois. Tandis que son existence à elle se découpait en tranches semestrielles, écoulées un peu partout, en nomade ..

C'était, il est vrai, ce qui l'avait tentée jadis — quand elle ne savait pas. Il lui semblait alors si bon de changer d'air, de voir du pays, de rouler en wagon, ou de se sentir bercer dans des cabines de steamers, vers des horizons inconnus. Mais son enthousiasme était tombé promptement. Elle se déplaçait, en effet, deux fois par an, mais n'était-ce pas à la manière du juif errant de la légende qui marche sans pouvoir s'arrêter et regarder autour de lui? Que savait-elle, après tout, des promenades, des rues, des monuments des villes où elle éparpillait sa jeunesse? Rien que deux ou trois restaurants, où, aux soirs de veine, un ami l'emmenait souper.

Tout son temps était pris ; tandis que les bourgeois qui la lorgnaient entre huit heures et minuit se prélassaient sur les plages et flânaient sur les boulevards, dans les casinos ou les musées, elle trimait. Le matin, fatiguée des veilles, impossible de se lever avec les coqs chanteurs. Dès sa toilette achevée, d'ailleurs, il fallait aller à la répétition : de dix à onze. Puis, après un « déjeuner sur le pouce », comme elle disait, la cloche sonnait, l'appelant à nouveau, et toute l'après-midi se passait au travail, — à un travail fastidieux et bête, autour du répétiteur qui sacrait chaque fois qu'une voix faisait école buissonnière. C'était tantôt avec les camarades chantant la même partie qu'elle, tantôt avec toute la masse chorale, pour les ensembles. Enfin, à la nuit, avant le spectacle, les robes étaient là, traînant dans sa chambre ; l'une avait besoin d'un point, l'autre d'une reprise. Ou bien, c'était un petit falbalas à déplacer, un volant à découdre d'un côté pour le poser ailleurs, car il devait servir à double usage, — par économie.

Ah ! c'est qu'il fallait compter... Les appointements n'étaient pas lourds — 150 francs par mois au plus pour se loger, se nourrir et payer les toilettes de scène. C'était piètre. Elle avait bien des « connaissances » qui l'aidaient un peu. Elle avait eu, dans sa carrière, quelques jeunes gens, un potache de rhétorique faisant ses premières armes, voire un ténor d'opérettes ; mais ça ne rapportait guère. Ses occupations, d'autre part, ne lui permettaient pas « d'avoir un homme en plein ». Au bout de six mois, elle aurait dû le laisser, en se déplaçant. Et craignant de se laisser pincer au cœur et de souffrir de la rupture, elle préférait se donner au petit bonheur du *béguin* d'une semaine ou d'un mois.

Pourtant, ça lui faisait peine de ne point avoir un mâle à elle, bien à elle, qui la choyât ou la battît. Elle avait la nostalgie d'un intérieur, la sortant de la chambre meublée banale où, dans le coin, grésillait la casserole du dîner posée sur la flamme puante du fourneau à pétrole. On le lui avait bien offert une fois. — C'était un jeune homme riche et bien tourné. Mais elle avait sa fierté. Sa conscience ne se rebellait point à l'idée d'un batifolage. Elle n'avait point essayé de retenir son bonnet entraîné par-dessus les moulins par un vent de jeunesse et d'amour. Elle acceptait même les cadeaux qui pouvaient lui procurer un peu de bien être. Mais elle n'aurait, pour rien au monde, renoncé à la jouissance d'amour-propre qu'elle ressentait chaque mois, tandis qu'on lui comptait les écus sonnants de ses appointements. Et cela l'aurait descendue dans son estime personnelle de se sentir la chose vendue ou louée d'un monsieur, quand bien même elle l'eût aimé...

C'était de se savoir ainsi bâtie, qu'elle pleurait aujourd'hui. Repliée sur sa vie, elle se voyait, en effet, dans une impasse sans issue. Choriste elle était, choriste elle devait rester. Encore jeune et fraîche, malgré l'usure du métier, elle chantait dans l'opérette. Ça durerait ce que ça durerait. Devenue trop vieille, elle s'engagerait dans l'opéra parmi les anciennes gardes, dissimulées derrière les « petites femmes » pour les soutenir de leurs graves organes...

En attendant la maladie finale qui cloue pour jamais sur les lits d'hôpital et y souffle la chandelle usée et brûlée...

. . . .

Mais, parti de la pièce à côté, un bruit de voix criardes emplit soudain la chambre d'Adèle, effarouchant sa triste rêverie. Elle écouta. On se disputait. Elle ouvrit la porte pour voir ce qui se passait. Puis, sa curiosité satisfaite, apercevant une voisine qui se risquait dans le couloir pour savoir aussi :

— Oh ! c'est rien, lui dit Adèle. C'est Laure qui s'engueule avec son type...

Et, refermant sa porte, elle revint surveiller le fricot qui chantait au feu.

LE PETIT EMPLOYÉ

Comme tous les jours, depuis trois mois, le petit employé est arrivé à son bureau avant l'heure. Il a ôté sa jaquette propre pour endosser son vieux veston de travail; il a soufflé sur son sous-main où se vautrent quelques grains de poussière, a ouvert son encrier, sorti ses deux porte-plume, les a rangés symétriquement sur le tapis vert de la table et, en fumant une cigarette maigre — il économise son tabac — s'est accoudé à la fenêtre en attendant les camarades...

Non pas que la rue soit bien gaie, où prend

jour son bureau monotone et froid. Les passants y sont rares ; c'est une de ces voies étroites et reposées où dorment de calmes maisons bourgeoises à peine léchées par un rayon anémique. Mais à l'une des fenêtres qui lui font face, il aperçut, il y a trois mois, derrière le rideau de vitre soulevé, un doux visage féminin, — une jeune fille qui, après déjeuner, venait broder paisiblement.

Esprit étroit, ses horizons s'étaient bornés, jusqu'alors, à son bureau, aux deux repas quotidiens, à ses nuits de sommeil lourd, sans rêves. La tâche qu'il remplissait était ingrate — modeste expéditionnaire, il n devait jamais être autre chose ; — sa table était très frugalement servie et sa chambrette bien nue ; mais il se trouvait heureux ainsi, ne comprenant pas qu'on pût viser plus haut et béatement il vivait sa vie mécanique — automate inconscient, qu'actionnait la seule vitesse acquise.

Le jour où il aperçut sa jolie voisine, un jet d'idéal, jailli des grands yeux de la vierge, traversa l'âme primitive du petit employé. Il prit plaisir à la regarder et le lendemain guetta pour savoir si elle reviendrait à cette place. Il remarqua qu'elle s'asseyait là chaque jour et en eut joie. Ce ne fut d'abord pour lui qu'une distraction. Il la voyait, le matin, en camisole lâche, à peine peignée, secouer sa carpette; le soir, en peignoir coquet, tirer l'aiguille d'un geste gracieux. Et e tableau l'amusait, le reposait un instant de l'éternelle besogne. Mais à la longue il s'était trop fait à ce voisinage. C'était devenu pour lui une habitude, presque un besoin.

L'aimait-il? Il n'en savait rien et n'aurait pu le savoir; cependant, peu à peu, il s'était mis à devancer l'heure du travail pour prolonger les minutes qu'il passait à la contempler. Et les jours où elle n'était pas là, où il ne l'apercevait pas, ses yeux la cherchaient quand même partout, dans la rue, à sa fenêtre, jusque dans le lambeau de ciel qu'étranglaient les maisons hautes. Il était comme un chien fou qui a perdu son maître; quelque chose se brisait en lui. Il n'aurait pas été plus désorganisé si, un matin, il lui avait fallu ne plus prendre routinièrement le chemin du bureau...

* * *

C'est son cas aujourd'hui.

Voilà un bon quart d'heure qu'il est là : sa cigarette a vomi une dernière bouffée; il entend dans les couloirs le pas des camarades qui entrent un à un, mais il n'a point encore entrevu le profil tant désiré. Qu'a-t-elle? Que fait-elle? Pourquoi n'est-elle point là? Autant de questions que le petit employé pose à la vitre voilée par le rideau de guipure que sa main n'a pas soulevé. Mais la vitre est muette et malgré son désir de rester longtemps encore à l'interroger, le pauvre gratte-papier va s'asseoir à sa table et fait grincer la plume monotone sur une grande feuille de papier ministre.

Il jette bien, de-ci-de-là, un regard vers la

fenêtre : mais il ne voit toujours rien et s'en énerve. Il trouve sa plume baveuse, la frotte à plusieurs reprises et finalement la casse rageusement pour la remplacer par une autre toute neuve qui marche plus mal. Il fait une tache sur sa copie et troue le papier en la grattant. Rien ne va; c'est pour lui une après-midi gâchée ..

Soudain, un bruit de voitures secoue le silence plat de la rue... Il se prolonge assez longtemps; on dirait un défilé. En même temps, des voix se font entendre, confuses, comme s'il se formait en bas un attroupement. Ce tapage est anormal et tous les employés du bureau ont quitté leur place pour courir à la fenêtre...

C'est bien, en effet, un attroupement : des femmes, des enfants, tous les boutiquiers du quartier massés sur le trottoir, badaudant autour d'une rangée de landaus de louage qui s'alignent devant la porte d'en face. Un des cochers a de la fleur d'oranger à sa boutonnière.

Un vague pressentiment s'empare du petit employé : Qui donc se marie vis-à-vis? Si c'était Elle! Et tandis que les camarades plaisantent bruyamment, il demeure sans paroles, oppressé, n'accordant à leurs lazzi que de rares sourires de complaisance.

Il ne se trompe, parbleu! pas, le petit employé. Voici l'épousée qui passe la porte, dans le neigeux envolement de son voile blanc et sous le tulle flottant, il a vite reconnu le sourire de sa voisine. Ce sont bien ses cheveux aux reflets d'acajou, tranchant sur le rose pâle de sa peau. Ce sont ses yeux rieurs que l'émotion rend plus brillants encore. C'est sa bouche menue avec la courte ligne des lèvres d'un rouge cerise. C'est son nez curieux. C'est Elle, Elle... et un indéfinissable malaise s'empare du petit employé...

Tandis que se meurt au loin le dernier roulement du dernier landau et que tout le bureau a repris son travail, le petit employé rêvasse encore...

Avec les autres, il a repris sa plume qu'il

promène sur le papier vierge mais elle s'y traîne péniblement, comme lasse. On sent que la main qui la guide a perdu sa sûreté habituelle. Elle s'arrête par intervalles et les haltes se prolongent chaque fois davantage.

*
* *

C'est qu'il n'a guère le cœur à la besogne, le pauvre expéditionnaire... Depuis le départ de la noce aperçue tantôt, quelque chose s'est déchiré en lui et saigne. Son imagination, d'ordinaire docile et bridée, a soudain pris des ailes et fui loin, loin... Il suit par la pensée le nuptial cortège. Les voitures ont tourné à gauche pour prendre par la grand'-rue; là, se trouve la mairie où, devant un homme ceint d'un morceau de soie tricolore, Elle a dit : Oui! à celui qui lui demandait d'accepter son nom. Tous deux ont couché leur signature sur un lourd registre, puis avec la file des invités, ils ont gagné l'église Saint-Dominique où les attendait la foule des amis. Là encore, Elle a répété le : Oui! qui la lie.

Tout doit être achevé maintenant... On va danser à l'*Hôtel du Globe*, où se fait sans doute le dîner. Vers onze heures, quand toute l'assistance aura oublié le couple, celui-ci se glissera hors de la salle pour gagner le logis discret. Pour l'existence, Elle appartiendra à l'*autre* — à celui qu'il n'a jamais vu, ni même deviné.

Une éclaircie se fait alors en l'âme du petit employé. Il comprend qu'une autre vie existe, plus belle et moins froide que celle qu'il traîne. Son bureau lui semble triste ; il songe à son menu qui ne change pas, à sa mansarde toujours vide. Tout cela lui paraît bête aujourd'hui et lui répugne. Ah ! combien plus heureux serait-il, s'il avait auprès de lui la compagne, l'amie qui crée à l'homme l'atmosphère des vraies affections!...

Il songe à *l'autre*, au mari... Il sera désormais entouré de mille soins tendres. On le choiera, lui, on l'embrassera. Le matin, il trouvera tout prêt chez lui ; sa tasse de café fumera odorante sur sa table; au retour du triste bureau, un sourire le reposera des ennuis matériels. Le soir, il aura au bras une femme qu'il montrera orgueilleusement et qui sera fière de lui. Plus tard — qui sait?... — de jolis marmots empliront sa maison de petits cris joyeux et, pour nourrir la nichée, il travaillera de meilleur cœur et gravira d'un degré l'échelle de la vie sociale...

Car il comprend maintenant qu'on puisse ne pas rester toujours expéditionnaire, le petit employé. Il revoit les camarades d'autrefois qui le distancèrent et sont aujourd'hui ses supérieurs. Pourquoi est-il resté en arrière, lui?... Il ne réfléchit pas qu'il n'a rien fait pour cela. Il n'accuse que le hasard qui l'a déshérité...

— Ah! si j'avais osé... pense-t-il.

S'il avait osé... il aurait pu prendre la place de *l'autre*, faire la connaissance de sa petite voisine, la demander pour femme et l'avoir. Et, son imagination galopant, le petit employé échafaude l'existence qui aurait pu être la sienne. Il aurait été sûrement heureux, car Elle est charmante. Il se La rappelle battant sa carpette le matin, ou brodant l'après-midi. Elle aurait fait une excellente ménagère, aux petits soins pour lui...

*
* *

— Cette expédition est bien longue à s'achever aujourd'hui, glapit à ce moment une petite voix sèche d'homme rugueux...

C'est le chef du petit employé qui trouve la besogne lente et qui se plaint.

Et le pauvre garçon, soudain rappelé à la réalité, regarde alors sa page, où, mécaniquement, par routine, sa plume se reprend à grincer...

LA VEILLEUSE

— Allons, dit le bon M. Bonnafond à sa femme, allons-nous-en. Les enfants ont filé ; nous n'avons plus rien à faire ici...

— Rentrons, répondit-elle simplement.

Ils serrèrent la main à quelques amis ; lui, passa son pardessus et s'emmitoufla dans un épais cache-nez, tandis que Mme Bonnafond s'engouffrait dans un antique cachemire remanié en sortie de bal ; puis tous deux s'affalèrent dans un landau qui devait les reconduire chez eux.

Dans la rue, par les fenêtres entr'ouvertes,

clignotaient les mille bougies roses des lustres et s'échappaient des bouffées sonores d'orchestre. On dansait encore dans la grande salle de l'*Hôtel des Deux-Hémisphères* — dîners de cent couverts, noces et festins — où s'était donné le bal après le mariage de M. Bonnafond jeune avec Mlle Marguerite Darmoy. Les invités s'en donnaient à cœur joie, sans se douter que les jeunes époux s'étaient discrètement éclipsés et, derrière les vitres du premier étage, passaient et repassaient des silhouettes de couples abandonnés dans l'enlacement d'une voluptueuse mazurka.

— Que c'est beau, la jeunesse, soupira envieusement madame, tandis que le sabot de leurs chevaux scandait la mélodie mourante de l'orchestre.

— Chacun son tour, répliqua philosophiquement M. Bonnafond.

Et ils se serrèrent frileusement, gardant un moment de silence, pris tous deux de la douce pensée du temps jadis.

— Enfin, dit-il, secouant leur rêve, tout s'est bien passé. Voilà le *petit* casé, avec une fillette qui le rendra heureux. La noce a été magnifique...

— Oh ! superbe, du monde, du monde à emplir deux églises.

— Oui, demi-heure de poignées de main à la sacristie....

— Et des toilettes... As-tu remarqué la petite Marthe... ?

Et ils s'emballèrent, se remémorant par le menu les moindres incidents de la journée : la toilette du *petit* — comme ils appelaient leur fils — du *petit*, si élégant dans son habit à la dernière coupe ; l'hôtel de ville avec un discours du maire ; l'entrée à la cathédrale entre une double haie de curieux ; la nef pleine d'invités qu'ils désignaient un à un.

— Les Dufaure n'étaient pas là, observa-t-il cependant.

— Oh !... il y avait tant de monde que tu n'as pas dû les voir.

Et ils reprirent leur journée : l'orgue jouant

une marche nuptiale, les bougies parant l'autel, l'allocution du prêtre, le bouquet de la mariée déposé sur l'autel de la Vierge, la sacristie, la signature des témoins, les invités les complimentant après les mariés, enfin le départ solennel dans les landaus, les cochers avec une fleur d'oranger à la boutonnière, la promenade sur la grande place, l'arrivée à l'Hôtel des Deux-Hémisphères...

— Quel dîner ! s'exclama monsieur. Des truffes, du champagne ! De quoi ressusciter un mort !...

Il serra de plus près Mme Bonnafond, un tantinet émoustillé, presque allumé.

— Et au bal, que de monde ! reprit madame. Rien ne manquait au buffet. Tous nos invités m'ont félicitée...

Mais le landau venait de s'arrêter. Le cocher, obséquieux, retenait la portière.

— Déjà, fit M. Bonnafond.

Ils descendirent. Lui, se fouillait, cherchant le passe-partout :

— Dépêche-toi, fit-elle, il fait un froid de loup.

Il trouva enfin ses clefs, ouvrit, frotta en tremblotant une allumette, et ils montèrent lentement, s'arrêtant par intervalles pour s'accouder essoufflés à la rampe.

Enfin, ils arrivèrent devant leur appartement ; la vieille bonne — tout est vieux chez les Bonnafond — qui les avait entendu monter, leur avait ouvert la porte, une lampe à la main.

Ils entrèrent droit chez eux, dans leur chambre dont les tapisseries brodées à la main, la glace vénitienne en deux morceaux, le meuble en bois de rose lamé de filets en cuivre et les grands portraits de famille disaient assez la date respectable. La bonne débarrassa madame de son cachemire, prépara la veilleuse sur la table de nuit et leur souhaita un respectueux bonsoir.

Ils restèrent seuls. Mais ni l'un ni l'autre ne semblaient disposés à se reposer. Sur leurs pommettes, d'ordinaire blanches, piquées de grains roussâtres, se plaquait une rondelle rouge ; leurs yeux luisaient malignement. Cette journée rompant la monotonie froide et plate de leur vie les avait faits tout chose. Nerveux, fébriles, une envie les tenait chacun de causer longtemps, longtemps encore, et de ne se point coucher.

— L'on ne se met pas au lit tout de suite ? interrogea M. Bonnafond...

— Pas encore, dit-elle, heureuse d'être comprise.

Ils se plongèrent dans leurs fauteuils — deux fauteuils jumeaux, larges et profonds, rangés de chaque côté de la cheminée.

Sur les cendres agonisaient des braises d'un rouge pâli. Ils les attisèrent, en se jouant, avec les pincettes ; lui, posa dessus une mince branche de bois sec ; elle, prit le soufflet qu'elle dirigea sur la bûchette, et ce leur fut un passe-temps de quelques minutes. Ils béaient devant les flammèches diaboliques qui semblaient leur tirer capricieusement des langues rouges, vertes, jaunes. Elles dansaient follement leur minuscule sabbat, chacune ne paraissant que pour s'évanouir aussitôt devant la suivante — symbole de nos rêves creux. Et les deux petits vieux s'intéressaient à leur manège, les contemplant de leurs grands yeux où chaque lueur posait un reflet.

Enfin, les petites flammes s'allongèrent, devinrent moins vacillantes. Le bois s'allumait ; un rideau plus large, plus régulier, rougeoyait au-dessus. Elle accrocha le soufflet au clou ; lui, coucha les pincettes sur les chenets, et ils avancèrent leurs fauteuils.

La langue leur démangeait : ils causèrent, et de la noce encore, recommençant leur bavardage du landau. Mme Bonnafond s'arrêtait surtout aux toilettes et à la belle mine du *petit*. Monsieur, égrillard, se rappelant la verdeur d'antan, s'extasiait sur le menu et les vins.

— Oh ! ce champagne... de quoi ressusciter un mort !...

— Mais tu me l'as déjà dit, observa-t-elle.

— Et tes toilettes donc, crois-tu que tu ne m'en aies pas parlé aussi ?...

Ils faillirent se fâcher. Mais madame eut un mot heureux :

— Qui sait ce que fait le *petit* en ce moment...

Le *petit*... ce seul mot les réconcilia et ils parlèrent du *petit* ; ils en parlèrent longuement, avec une sainte extase, comme de ce qu'ils avaient de plus précieux et de plus cher. Ils se rappelaient l'un et l'autre les petits détails de son enfance, de sa jeunesse, ces riens insignifiants pour les étrangers mais qui constituent à eux seuls la religion des chers souvenirs. Ils refirent ainsi toute sa vie, depuis le jour où, baby joufflu et turbulent, il sautait sur leurs genoux et se faisait si gentiment gronder, jusqu'à cette soirée où il les quittait pour la première fois, se créant à son tour un foyer et préparant à leur vieillesse d'autres chérubins à choyer.

— Qui sait ce qu'il fait !... redit Mme Bonnafond, songeuse.

Et son mari, devenu soudain gai, cligna de l'œil, prit un air de mystérieuse malice, s'approchant de sa femme, lui souffla à voix presque basse :

— Eh ! mon Dieu, peut-on savoir ? Peut-être ce que nous avons fait autrefois...

Elle sourit discrètement et la conversation prit un tour nouveau.

Autrefois... chère évocation. Ils en causèrent doucement de cet autrefois qui était pour eux la jeunesse, le sourire, l'amour. Eux aussi, ils avaient été fringants et sveltes. Les rides n'avaient pas toujours chiffonné la pâleur de leur peau. Lui, avait été étudiant, avant de se carrer dans le rond de cuir notarial qui avait fait sa fortune. Il avait batifolé joyeusement ; puis, ses études achevées et sa situation conquise, il avait rencontré la jeune fille dont les blondes nattes se séparaient aujourd'hui sur le front de la vieille Mme Bonnafond en deux bandeaux cendrés. Leurs parents leur avaient permis de se rencontrer souvent ; ils s'étaient bien étudiés, bien connus et compris, puis étaient entrés un beau jour dans l'église embaumée d'encens et, devant la foule des amis accourus, un prêtre doré leur avait mis la main dans la main pour l'existence.

— Te souviens-tu? dit-il.

Et prenant doucement sa femme par la taille, il la souleva délicatement, l'amena étonnée devant la commode en bois de rose, et tira un tiroir d'où s'échappa un parfum de lavande. Soigneusement emmailloté dans des linges, comme en une châsse sainte, il lui montra un habit de coupe démodée, plié à côté d'une robe de satin blanc où s'épinglaient encore, jaunies et froissées, des fleurs d'oranger en tulle gommé.

Un pleur vint à la bonne dame. C'était tout ce qui survivait de leur jeunesse enfuie... avec le souvenir. Elle se pencha pour toucher respectueusement ces douces reliques. Mais monsieur, pris d'un désir soudain, s'inclina derrière elle, et, instinctivement, posa un baiser discret sur sa nuque fanée — à la place où, jadis, elle aimait tant sentir longuement ses lèvres plus ardentes. Elle le laissa faire, heureuse, presque émue ; puis, quand il se fut relevé :

— Eh bien ! monsieur, à votre âge? gronda-t-elle, souriante, en le menaçant de son index levé.

Et il recommença. Elle fermait les yeux, toute remuée, éprouvant une étrange sensation à revivre ce baiser de jeunesse. Encouragé, il la prit alors par la taille, tandis qu'elle minaudait et coquetait, feignant de se fâcher pour qu'il recommençât.

Ils se fatiguèrent pourtant d'être debout et reprirent leur place auprès du feu. Seulement, ils avaient rapproché leurs fauteuils, se trouvant l'un contre l'autre et, à voix basse, presque avec mystère, ils se redirent les madrigaux fleuris du bon vieux temps, rappelant à leur tour les incidents de leur première nuit de noces.

Soudain, devenu plus nerveux, agacé par ce flirt, monsieur se leva et ses lèvres rencontrèrent celles de sa femme, leur murmurant quelques mots qui la firent vibrante.

— Vous n'y pensez pas? dit-elle, comme scandalisée.

— Pourquoi pas? reprit-il...

Et après une courte pose :

— N'est-ce pas, oui?...

Elle ne répondit pas et se leva. Lentement ils se dévêtirent. En tremblant, il l'aidait à dégrafer sa belle robe de soie et le corset qu'elle avait repris pour la noce du *petit*. Elle se blottit dans la ruelle ; M. Bonnafond, fébrilement, avec de petits gestes impatients, fit sa toilette de nuit, souffla la lampe, alluma la veilleuse, puis alla la rejoindre. Mais le froid des draps les avait glacés tous les deux, réagissant brusquement contre leur énervement de la soirée. Un besoin les saisit de dormir. Et tandis qu'il cherchait à l'embrasser :

— Vois donc, lui dit-elle, à moitié assoupie, je crois que la veilleuse se meurt...

Le bon vieux M. Bonnafond essaya alors

de se lever pour la raviver. Mais un frisson le secoua ; il n'en eut pas la force et tira, en bâillant, la couverture sous son double menton rasé.

... La veilleuse était morte !...

LENDEMAIN DE BAL

Dans son petit lit tendu de guipures crème, mademoiselle Félicienne vient de s'éveiller. De gros rais lumineux se sont déjà glissés par la persienne sur le tapis à fleurs où gisent bas, jupons et jarretières éparpillés. Il doit être tard.

— Dix heures, constate la paresseuse.

Et elle s'étonne d'être encore couchée, sans même avoir assouvi sa fringale de sommeil. C'est si peu dans ses habitudes ! Mais peu à peu, elle se souvient : on l'a emmenée au bal, hier — à son premier. Elle a beaucoup veillé. Et aussitôt sa frimousse jolie sourit à une vision imprécise de lumières, de fleurs, d'épaules blanches, de moustaches soignées et de musiques.

Avec la mobilité du songe, mille silhouettes glissent devant elle. Doucement, ses paupières se sont abaissées et molle, dans l'agréable torpeur du demi assoupissement, elle évoque les multiples souvenirs de la soirée — sa joie en entrant dans la salle dorée, les babillages avec les amies, le madrigal d'un danseur blond, le rythme fou d'une valse aimée, la neige multicolore des confetti légers. Et ainsi, lentement, comme bercée par son rêve, son âme se rendort.

Une bande de soleil vient pourtant se poser sur son drap blanc. Traîtreusement, elle avance. Bientôt, elle atteint le visage de la fillette. Et cette tiédeur pénétrante enfièvre son épiderme. Félicienne se réveille, décidée, cette fois, à se faire violence. Elle s'étire, bâille et brusquement saute hors du lit.

Mais ce simple effort l'a fatiguée. Debout,

elle se sent rompue, courbaturée. Sa pauvre cervelle d'oiseau lui paraît enveloppée de vapeurs chaudes. Ses yeux humides ont peine à s'ouvrir. Ses cheveux s'enfoncent en son crâne comme autant d'aiguilles effilées. Elle devine ses mollets flasques et gourds. Sur l'estomac, une boule lui pèse. Une moiteur fatigante lui court sur le corps à fleur de peau :

— C'est donc si brisant que ça, un bal, pense-t-elle.

Et ses idées prennent aussitôt un tour différent. Une à une, s'envolent les images roses de tout à l'heure, noyées maintenant en une brume grise et triste. Après tout, cette fête était-elle amusante, bien amusante? Elle commence à en douter.

Oh! elle l'avait fortement désirée, longuement attendue ! Pendant plusieurs semaines, sa pensée avait été accaparée tout entière par ce projet et par les préparatifs qu'exigeait sa mise à exécution. C'est avec une joie enfantine qu'elle avait tout surveillé, courant les cordonniers, les modistes, les marchandes de colifichets, les couturières... Les couturières surtout, auxquelles elle avait demandé tout leur art pour envelopper sa mignonne personne dans une gaine de chiffons coquettement froissés. Et ce froufrou de soies, de satins, de surahs, ce frôlement de gazes diaphanes, de tulles et de mousselines lui avait donné du bonheur jusqu'au soir tant espéré... Car dans chaque pli des étoffes tripotées, lutinait quelque souriante chimère enjolivant le tableau qu'à l'avance son imagination se faisait de cette fête. N'était-ce point l'éternel attrait de l'inconnu?

Mais maintenant qu'elle a vu, maintenant qu'elle sait, comme toutes ces images s'évanouissent et lui paraissent mensongères !

Certes, la salle avait bonne allure avec ses plantes, ses dorures, ses draperies et la profusion des lustres ou appliques étincelants. Mais que de clinquant sur ce décor mondain — et aussi sur la foule parfumée qui s'y mouvait !...

Toutes ces dames élégantes, Félicienne les connaît bien. Elle a leur sexe et sait les ressources par lesquelles des beautés médiocres ou banales corrigent une nature trop peu clémente. Elle n'ignore nullement les artifices de toilette auxquels l'opulente madame X. . doit sa réputation de gorge et de hanches. Elle connaît la couleur exacte de certains cheveux acajou que l'on admire tant. Elle devine le secret de telle peau blanche et fine. Car Félicienne est une petite demoiselle qui regarde, comprend et retient. Et cette menterie générale lui répugne, à cette heure de lassitude.

D'autant qu'elle se rappelle combien rapidement se fanent ces fausses fleurs. Hier encore, à l'ouverture du bal, sous l'avalanche des crèmes, des poudres et des veloutines, bien des imperfections se dissimulaient et l'illusion demeurait possible. Mais avec la sueur des premières danses, la débâcle était venue, et c'était misère d'apercevoir ces peaux maculées ou fripées, ces frisettes plaquées au front en débandade, ces bras où s'étalaient les cicatrices du vaccin, ces cous ayant une ride pour collier, ces poitrines descendues dans le corset.

— Que la voilà bien, l'hypocrisie du monde! pense Félicienne, en se disant que, dans quelques années peut-être, elle y devra sacrifier, à son tour.

Et elle songe aussi à l'ineptie du bal lui-même. Mérite-t-il vraiment tout le dérangement qu'il nécessite? Hier soir, le dîner à peine achevé, elle a dû passer dans sa chambre, dépenser deux longues heures à tordre ses nattes brunes, à y semer les épingles, à se battre avec les lacets, les agrafes et les rubans. Sitôt habillée, parfumée, elle a emprisonné ses bras dans d'interminables « seize boutons. »

Tout ça pour qui, pour quoi ? Pour venir s'asseoir dans la rangée de chaises des fillettes à marier, devant la ligne parallèle des mamans faisant tapisserie. Pour entendre jaboter les voisines et répéter avec elles les mêmes fadaises : compliments sur une toilette qu'on débinera le lendemain derrière celle qui la porte ; réflexions sur le monsieur qui passe ; pronostics d'épousailles entre un tel et une telle. Et enfin et surtout pour pirouetter dans les bras d'un monsieur quelconque.

La danse est amusante et Félicienne l'aime fort, mais seulement à petite dose, avec un cavalier qu'elle connaît. Mais hier, il lui a fallu « n'en pas manquer une », car les carnets de bal conservés constituent des certificats honorables pour la beauté ou la grâce des jeunes filles — des bulletins de victoire, comme dit un vieux général, ami de la famille. Pour ne pas rester à sa place, elle a accepté tous les danseurs, dont quelques rares intimes et un grand nombre de bons jeunes gens sommairement présentés. Et Dieu sait s'ils manquent de gaîté, ces cavaliers qu'on connaît à peine et dont les propos sont forcément banals. Ils parlent de la pluie, du beau temps, de la salle, de l'orchestre, de la chaleur, de la poussière. Et c'est tout... Comment éprouver dans leurs bras cette sensation de frémissement dont les poètes font vibrer les vierges enlacées par les mâles valseurs?...

— Des blagues, monologue Félicienne, et le lendemain le mal aux cheveux...

Et tantôt, cependant, devant les amies qui viendront lui faire visite, la jeune fille sourira, contera sa soirée « vraiment charmante », et demandera déjà : « A quand le bal prochain?... »

TUONS-NOUS

Chambigerie en trois moments

et deux personnages

Premier moment

La scène représente la garçonnière de Lui.

Lui (25 ans, joli garçon, barbe artistement inculte, psychologue déliquescent, rongé par le termite documentaire.) — Oui, n'est-ce pas? (Il la regarde suppliant.)

Elle (27 ans, mariée, amoureuse, jolie, bachelière, lit Bourget). — Y pensez-vous, mon ami?... J'ai un mari et... jaloux. Puis... je suis honnête... honnête. J'ai été mal mariée, à la légère, comme bien d'autres, c'est vrai, mais...

Lui. — Mais, tu m'aimes, tu m'aimes horriblement.

Elle. — Oui, je vous aime à la souffrance ; mais jamais je n'appartiendrai à un autre qu'à mon époux.

Lui. — Pourtant, est-ce bien naturel ?... Bâillonner ton petit cœur, te cabrer contre le sentiment qui te tient toute. Livrer ta chair à celui que tu détestes — car tu dois le détester, puisque tu m'aimes — est-ce là ta loi ?

Elle. — Non !... Mais je suis honnête, vous dis-je...

Lui. — Eh, de l'honnêteté ! Honnêteté de convention, inventée par une société idiote. La vraie honnêteté n'est-elle pas d'être entièrement à l'être aimé, à celui qui te désire et que tu voudrais ?

Elle. — Beau rêve !... mais son lendemain, la vue de l'autre, ses jambes dans mes draps...

Lui. — Et si nous le supprimions ce lendemain ?

Elle. — Le supprimer ?...

Lui. — Oui, en mourant ensemble... Nous avoir et ne plus nous séparer jamais ! (avec exaltation.) Faire tous deux le grand voyage. Nous unir devant la nature et nous enfouir enlacés en le Grand Tout. Marier pour jamais nos molécules désagrégées que les quatre vents emporteront accouplées, comme dans le *Disciple* de Bourget.

Elle. — Tu m'effraies.

Lui. — Il n'y a là rien d'effrayant pourtant. C'est le sommeil éternel, sans réveil, le rêve de jamais. Et si tu voulais, ce serait le rêve-réalité. (Il l'embrasse longuement.)

Elle (à demi abandonnée). — Tu aurais ce courage ?

Lui. — Tu le demandes ?... Oh ! je t'en supplie... Que nous font quelques années, quand il s'agit de l'enlacement sans fin, de la perpétuelle possession dans l'au-delà.

Elle (conquise). — Oui, ce serait beau et bon ! Nous en aller dans les bras l'un de l'autre...

Lui. — A travers les espaces et les temps... veux-tu ?...

Elle (pâmée, dans un baiser). — Oui.

Deuxième moment

(La scène représente la chambre de Lui.

Au fond, un lit dont les tentures sont closes. Des vêtements de femme traînent à terre ; sur la table de nuit, une fiole de laudanum.)

Lui. — ???

Elle. — ???

Troisième moment

(Même décor. — Les rideaux du lit se sont entr'ouverts.)

Elle (se penchant hors du lit). — Déjà cinq heures...

Lui. — L'heure suprême... l'heure de l'éternel envolement.

Elle (avec un gros soupir). — Et du laudanum. .

Lui. — Tu soupires ?... Aurais-tu peur ?...

Elle. — Non, mais es-tu bien sûr que là-bas nous soyons ensemble ?...

Lui. — Quelle question !...

Elle. — Puis, que dira le monde, si la police trouve nos deux cadavres sur ce lit ?...

Lui. — Les journaux parleront de nous. Ils nous appelleront toi Juliette et moi Roméo...

Elle. — C'est la petite comtesse Isabelle qui s'en donnera sur mon compte... Elle qui me soupçonnait déjà de t'aimer...

Lui. — Que t'importe ?

Elle. — Et mon mari, dont on se moquera, qui me pleurera...

Lui. — Le pauvre cher homme ! C'est lui surtout que je plains...

Elle. — Et puis... (Elle lui parle en riant à l'oreille.)

Lui. — Tu as raison... Décidément tu es un ange.

Elle (en l'embrassant goulûment). — Et c'est si bon !...

(*Exit* la fiole de laudanum dans l'amphore où l'œil regardait Caïn. — Les rideaux du lit se rabaissent...)

MARIAGE ROMPU

— Comment, pas encore marié, toi ?

— Puisque je te le dis.

— Tu étais cependant un fervent, jadis et, dans nos discussions d'adolescents, tu plaidais toujours mariage.

— Et je plaide encore de même, quand l'occasion s'en présente. J'estime qu'il n'y a point de meilleure existence que celle passée dans un bon nid bien ouaté, bien familier, en compagnie d'une petite camarade jolie et attentionnée. Cela doit refaire des dix ou douze années gaspillées au cercle, au théâtre, au bal, ou dans les alcôves hospitalières.

— Oui, je sais : la vie qui prend un but ; les enfants, la famille ; la cuisine de ménage qui repose des salmis du restaurant ; l'estomac qui se retape : la gentille infirmière qui vous soigne au moindre bobo. Je connais la ritournelle, mon ami ; tu me l'as assez rabachée autrefois... Mais puisque tu y crois toujours, pourquoi n'avoir point convolé ?

— Parce que je n'ai point trouvé la femme désirée.

— Il me semblait, au contraire, que tu l'avais dénichée, il y a quelque temps. C'était au moment où tu daignais encore m'écrire, et je me rappelle tes lettres enthousiastes, dithyrambiques même sur certaine fillette...

— Germaine Dayrolles.

— C'est cela même... et je croyais l'affaire bâclée.

— Pas du tout. Nous avons rompu, j'ai rompu volontairement.

— Et pourquoi ?

— C'est toute une histoire, mon cher. Et si tu y tiens, je te mettrai au courant. Mais j'ai une faim d'enfer et mieux vaudrait, sans doute, causer en dînant.

Et Claude entraîna au restaurant l'ami retrouvé après plusieurs mois d'absence. Tous deux s'attablèrent ; l'amphitryon fit le menu et, tandis que les garçons allaient et venaient, achevant de dresser le couvert, la conversation reprit sur le sujet interrompu :

— Oui, dit Claude, elle était vraiment exquise, cette Germaine, et les lettres que j'écrivais à son sujet n'étaient nullement menteuses.

— Jolie fille ?

— Agréable, gracieuse surtout... De taille moyenne, plutôt petite que grande ; des hanches ; de la poitrine ; une peau mate et blanche faisant ressortir ses grands yeux noirs et ses boucles brunes et frisées. L'oreille fine et bien troussée ; des quenottes impeccablement alignées. Un morceau d'amateur, quoi !

— Et drôle ?

— Très spirituelle, ayant la repartie

prompte, piquante, mordante même, mais sans méchanceté. Ayant pas mal lu, ayant retenu et utilisant ses souvenirs. Pas sottement bégueule, pas trop garçon non plus, sachant discerner cette limite délicate que ne voient pas toujours les jeunes filles.

— Un bijou, alors ?

— Ne raille pas, je t'en prie.

— Mais sans le sou, pas vrai?

— Au contraire, confortablement dotée, avec même des espérances qui ne se seraient pas fait trop longtemps espérer.

— Et tu ne l'as point épousée ?

— Comme tu vois.

— Maladroit !

— Pourquoi ça ?

— Comment, tu tombes sur l'oiseau rare, sur la fiancée des rêves, sur celle qui possède toutes les qualités désirables et tu la lâches bêtement ? Tu ne l'aimais donc pas ?

— J'en étais toqué et elle raffolait de ton serviteur.

— J'avoue que je comprends de moins en moins.

— Tu n'es pas le seul. Combien d'autres, avant toi, qui m'ont fait la même remarque, qui m'ont même blagué, qui m'ont traité d'idiot. Mais je les ai laissé dire et ne me repens pas d'avoir agi comme je l'ai fait. Je n'aurais jamais pu être heureux avec mademoiselle Dayrolles. Sais-tu bien, en effet, en quoi peut consister le bonheur conjugal ?

— Bizarre question, ma foi, et j'avoue que, ne me l'étant jamais posée pour mon compte, j'y trouverais difficilement réponse. Cependant, d'après ce que je vois chez les autres ou d'après ce que j'ai pu lire, il me semble que la similitude d'humeur, de tempérament et de situation sociale suffisent à assurer ce bonheur — s'il est vrai, toutefois, que ce bonheur existe.

— Tu as raison, mon cher. Ce sont là les grandes lignes du programme matrimonial. Accouplez deux êtres du même monde, de fortune équivalente, accoutumés à un genre d'existence à peu près pareil : il y a bien des chances pour qu'ils vivent en bonne harmonie. Mais cela ne suffit point. Il est d'autres questions de détail, auxquelles on ne songe guère d'habitude et qui pourtant ont aussi leur importance.

— Exemple...

— Ce sont les sympathies ou les antipathies de l'intelligence.

— Que veux-tu dire ?

— J'entends que, dans un ménage de notre rang, où la femme demeure inoccupée de ses dix doigts, il faut que les facultés intellectuelles des deux époux convergent vers d'identiques préoccupations. Donne à un homme de sens une jeune fille de caractère opposé au sien ; avec de la patience et de l'habileté, il la matera, l'amènera à composition. En la prenant de biais, en ménageant ses susceptibilités, il fera souple et douce la coléreuse cassante et brusque. De même, il fouettera la nervosité éteinte d'une apathique et lui communiquera une énergie suffisante.

C'est une question de temps et de tact. Mais il n'en est plus de même, s'il s'agit des choses de l'esprit. Malgré les plus consciencieux efforts, tu ne feras jamais aimer la lecture à quelqu'un qui la déteste, ou tel genre de lecture à tel individu qui affectionne exclusivement le genre contraire.

— Pardon, si j'interromps ta conférence... Mais je serais curieux de savoir en quoi elle se rapporte à ton mariage raté.

— En ceci que Gabrielle, jeune personne très littéraire, avait horreur de la musique.

— Et c'est pourquoi tu as brisé ?

— Parfaitement. Tu sais combien j'adore cet art. Je lui dois les heures les plus calmées de ma vie. Aux instants de trouble vague et de tristesse irraisonnée de mon célibat, c'est à la musique que j'ai demandé les douces émotions qui reposent et comblent l'âme... Aux minutes de joie, quand la poitrine se dilate et que les nerfs se tendent, dans l'exaltation de tout l'être, je...

— Prends garde, tu t'emballes et divagues.

Tu vas t'envoler, mon vieux, et je t'en préviens charitablement, de peur que tu te casses le nez à la descente...

— Sceptique, va... Tu as raison. Je me résume. Mademoiselle Dayrolles n'aimait pas la musique et je n'en savais d'abord rien. Un jour, en causant, je la priai de se mettre au piano : — « Oh ! je vous prie, dit-elle, pas ça. C'était bon quand j'étais au pensionnat. » — « Mais, Gabrielle... » — « Non, vous dis-je, j'ai horreur de tous ces taratata... » Je restai terrifié. C'était une première chute. D'autres suivirent. J'avais vogué en plein idéal ; je fis le plongeon et, comme tu dis, je me cassai le nez. Je songeai que jamais je ne parviendrais à lui faire entendre raison ; que ce serait là sujet à nombreuses discussions ; que, par un soir de mauvaise lune, une querelle en pourrait surgir ; que cette divergence de goûts nous séparerait fatalement. Je me pris si bien à réfléchir que l'idole sortit peu à peu de son nimbe. Je la vis plus réelle, — par conséquent, avec ses défauts. C'est te dire que l'amour fuyait. Je n'avais dès lors qu'un parti à prendre : battre en retraite, et c'est ce que je fis à la première occasion.

— Et tu n'as pas eu peur de briser ce cœur de fillette énamourée ?

— Bah ! les jeunes filles sont comme nous : elles se consolent tôt ou tard.

— A mon tour de te traiter de sceptique.

— Si l'on peut dire...

— Oui, sceptique et un peu fou aussi... Reprends-tu de ce Chambertin ?...

— Volontiers, et à Gabrielle !

HISTOIRE DE TOUS LES JOURS

On frappa.

— Entrez, grognonna Julien Blondeau, sacrant en lui-même contre l'importun qui venait l'interrompre dans son travail.

Mais sans se déranger, il laissa sa plume d'oie grincer sur la page entamée, ne se retournant même pas pour dévisager le visiteur qui venait d'entr'ouvrir sa porte.

— Bonjour, fit celui-ci, on te dérange ?...

Alors seulement il leva la tête. Cette voix lui était connue.

— Tiens, c'est toi, mon bon Alexandre... Comment peux-tu le demander ?... Entre amis se dérange-t-on jamais ?

Son agacement était tombé d'emblée. Il se leva, les mains tendues.

— Quel bon vent t'amène ?

— Rien, ou plutôt... beaucoup... Une affaire capitale pour moi, un secret à te confier, un service à te demander.

— Diable ! Affaire capitale, secret, service, voilà bien des choses. Avec ça un air de mystère. Sais-tu que tu m'intrigues ?...

Et serrant les feuillets griffonnés, il alla se jeter sur le divan dans une posture négligée, sans gêne.

— Je suis ton homme, mais quel peut être ce service ?

— Veux-tu me servir de témoin ?...

— De témoin ?... Ah ! Je comprends... une affaire ; et avec qui ?...

— Avec personne.

— Mais alors ?...

L'autre hésita, se tut un moment, gêné. Puis tout d'un coup, précipitamment, comme les timides qui, faisant effort sur eux-mêmes, se mettent à avoir du courage :

— Veux-tu être mon témoin? Je me marie...

— Tu te maries?...

— Oui, je sais ce que tu vas me dire : que je suis déjà en ménage. Tu l'as cru comme tant d'autres, tu as cru que celle que tout le monde appelle Mme Alexandre Bory l'est réellement devant la société. Eh bien non! détrompe-toi et excuse-moi aussi d'avoir si longtemps gardé mon secret, même pour mon meilleur ami. Tu comprendras bientôt le sentiment de délicatesse qui m'a fait mentir de la sorte.

Et il lui dit toute son histoire par le commencement.

Il lui rappela leur jeunesse, alors qu'ils achevaient tous deux leur droit dans le midi, à Aix.

On s'ennuyait ferme dans cette ville morte, perdue comme une vieille douairière du temps jadis au milieu du grouillement et de la jeunesse modernes. Les escholiers emplissaient les rues de leurs éclats bruyants, mais ils se butaient aux murailles froides des vieux hôtels endormis, dont la lèpre moussue suintait l'ennui et où des brins d'herbe sauvage passaient leur tête verte à travers les pavés des vastes cours désertes. Pour toutes distractions, en dehors de leur chambrette tapissée de Cujas, ils n'avaient que la ballade sur le « Cours », quelques tours à la musique deux fois par semaine, ou l'éternelle brasserie basse, noircie par la fumée des pipes et pleine du bruit des piles de bocks remuées.

Cette existence trop vaine qui leur pesait à tous deux les avait fait se rencontrer, se fréquenter et leur bonne amitié les avait d'abord reposés de sa banalité. Mais tandis que Julien Blondeau avait achevé ses études et remporté sa licence, Alexandre Bory n'en était qu'à la fin de sa deuxième année. Douze longs mois le séparaient encore du parchemin définitif. Quand, après les vacances, il se retrouva sans camarade, il se sentit plus seul, plus las que jamais et chercha pour sa vie une orientation nouvelle. Les hasards mirent sous ses pas une jolie fille. Il essaya de faire comme les autres et, pour la bagatelle, en manière de passe-temps, lui fit la cour.

Elle s'appelait Jeanne. C'était une modeste ouvrière, travaillant péniblement à la journée, pour faire vivre une grand'mère agée et maladive. Il avait réussi à pénétrer dans leur petit intérieur et c'est là qu'il passait souvent ses soirées, entre la couturière courbée sur son travail et la vieille asthmatique. On l'y recevait simplement mais de bon cœur et son isolement s'était vite fait à cet intérieur ami. Peu à peu, sans s'en douter, il en était venu à respecter ces braves gens. Son cœur même s'était laissé prendre au sourire de l'enfant. Quelque temps après, il s'en voulait d'avoir songé à elle pour s'en amuser et de plus honnêtes projets lui couraient en tête.

Malgré son origine, Jeanne n'était point banale. Il lui découvrit bientôt une âme et certaines qualités qu'il n'avait point dès l'abord soupçonnées. Son instruction avait été négligée, mais elle n'était point sotte et, par son intelligence, s'était acquis certaines apparences de savoir. Le soir, quand elle n'avait point à travailler, il aimait lui expliquer certains détails élémentaires qu'elle ignorait et il trouvait un plaisir étrange à voir ses grands yeux étonnés. Elle comprenait vite et retenait. Il l'appelait en riant son élève et elle en paraissait tout heureuse.

Il s'était alors forgé ce rêve insensé d'adolescent : la faire sienne moralement, façonner son cerveau malléable, identifier son âme à la sienne en y faisant germer les mêmes idées ; puis, quand cette cire molle aurait subi son empreinte, la faire sienne de corps en lui donnant son nom.

Il sentait bien, en effet, qu'il l'aimait et que, de son côté, il n'était point indifférent. Quand, penchés l'un près de l'autre sur le livre ouvert, quelques-unes de ses mèches d'or fin l'effleuraient, un frisson le secouait, qu'il prenait plaisir à prolonger. Il aurait voulu l'enlacer, poser ses lèvres sur ces cheveux et les y oublier doucement. Elle aussi, parfois, se surprenait à le regarder complaisamment, à le désirer quand il n'était plus là, à le retenir plus longtemps au moment où il allait prendre congé. Ils avaient besoin l'un de l'autre, mais sans oser se le dire.

Un jour pourtant il se décida. Il avait bien réfléchi. Après tout, son rêve n'était pas irréalisable. Elle était pauvre, c'est vrai, et d'un monde différent, mais ne la reconnaissait-il pas capable d'ensoleiller sa vie ? Il lui avoua donc tout, et son amour et ses projets de bonheur.

Mais la fin de ses études vint les surprendre et les séparer. Alexandre Bory dut rentrer auprès de sa famille, sortir de ce milieu de songe pour entrer dans la froide réalité. Il lui fallut utiliser le titre d'avocat enfin obtenu et se faire une position. Il essaya bien de parler de Jeanne à ses parents, mais sans oser leur avouer l'exacte situation. D'ailleurs, on lui objecta qu'il était trop jeune et qu'il se devait avant tout à son avenir... Il avait bien le temps de songer à autre chose...

Trop timide pour protester, il se mit à l'ouvrage. Tout alla bien. La vie eut pour lui des générosités. Il eut tôt fait sa trouée au soleil. Il revint alors à la charge et parla de se marier. Sa famille trouva l'idée heureuse. Cela le poserait devant la clientèle... Mais quand il eut tout dit, quand il eut avoué son roman avec Jeanne, on lui rit au nez :

— Une ouvrière avec un Bory... Fi donc! Que dirait le monde?

Cette fois encore, il n'osa pas se révolter. Par superstitieux scrupule, il estimait le bonheur impossible dans son ménage, s'il se mariait contre le gré de ses parents. Brisant avec le respect qu'il devait à sa famille, pourrait-il compter sur celui des enfants qu'il aurait? Il ne fit donc pas de sommations respectueuses et attendit. Mais son amour l'appréhendait au cœur, plus violent, plus impérieux que jamais, entretenu par les lettres trop résignées de Jeanne.

Peu à peu, une révolution se fit en lui. Sa timidité tomba. Ses idées bourgeoises le quittèrent une à une et il en vint à considérer le mariage comme une formalité qui n'était point indispensable. L'amour vrai et profond n'était-il point la base de cette association, et pour être honnête et valable, avait-elle besoin de l'assentiment de la société? Ne l'était-elle pas davantage que ces accouplements décidés au hasard des noms et des fortunes? Et cette pensée l'obséda bientôt tellement, qu'il se décida à en entretenir Jeanne.

L'enfant fut d'abord effrayée. Sa morale étroite se scandalisa. Puis... certaine coquetterie de femme lui avait fait souhaiter ce changement de nom, avec les mille droits nouveaux qu'il devait lui donner. Et cette vanité déçue lui fit peine. Ses craintes pourtant s'effeuillèrent avec le temps. Elle s'habitua à cette idée nouvelle pour elle et en arriva à la comprendre. La mort de sa grand mère survint, qui fit le reste. Jeanne se sentit trop esseulée. Des visages étrangers seuls l'entouraient. L'aimé lui tendait ses bras. Elle s'y jeta. Et depuis tantôt quinze ans, ils vivaient tous deux, tranquilles et unis, dans une ville où ils étaient peu connus.

— On l'appelle Mme Bory, continua Alexandre Bory, et l'on nous croit mariés. Au fait, ne le sommes-nous point? Voilà de longues années que nous ne nous quittons pas, vivant côte à côte, l'un à l'autre, l'un pour l'autre... Plus heureux et plus aimants peut-être que si le maire était passé chez nous. Car ne nous sachant liés par aucun contrat, la crainte de la séparation nous arme contre toute idée mauvaise.

— Mais alors, objecta Julien Blondeau, quel besoin de régulariser une situation que personne ne soupçonne?

— Et l'enfant, notre petite Marie, tu l'oublies donc? Je l'ai bien reconnue; elle porte mon nom; mais cela suffit-il? Pauvre amour, la voilà qui va sur ses treize ans. Dans quelque temps il faudra songer à la marier. Elle trouvera sûrement un parti. Je lui ai gagné sa dot. Mais celui qui la prendra n'aurait-il pas le droit de lui reprocher un jour ce que notre société appelle une honte et ce dont nous sommes seuls responsables ? N'est-il pas de notre devoir de lui épargner ces ennuis de toute la vie? Nous avons trop pensé à nous, autrefois, et à notre bonheur, nous nous sommes ris de ces préjugés insensés. Mais aujourd'hui il nous faut compter avec, — pour l'enfant.

Voilà pourquoi tu me vois te demander de m'assister. La chose se fera simplement, entre nous, pour que personne ne s'en doute. Rien ne sera changé à la maison; mais Mlle Marie Bory n'aura pas à rougir plus tard.

— Et ma Jeanne, ajouta Alexandre, après un silence, ma Jeanne enfin sera heureuse...

ANARCHISTE

— Homonymie, as-tu pensé, en voyant, affublé de mon nom, l'auteur d'un attentat anarchiste.

Tu n'as pu songer un instant que ce misérable fût ton ami, ton meilleur ami. Rien dans mon passé n'était, en effet, susceptible de m'en faire supposer capable. J'ai toujours eu la réputation d'un monsieur propre et de bonne compagnie. Mes fréquentations étaient dans le monde honnête et sérieux. Jamais l'on ne me vit commercer avec ces groupes secrets de drôles qui excusent leurs méfaits par la souffrance des humbles, l'orgueil méchant des repus et la nécessité d'une révolution sociale. J'ignore ce que sont les clubs interlopes. Et je n'ai même pas songé une minute à sacrifier au snobisme des jeunes bourgeois d'aujourd'hui qui — en paroles seulement — ne songent qu'à manger du bourgeois.

— L'anarchie, disais-je, folie ou crime!...

Et pourtant, c'est bien de moi que s'entretenaient les journaux de la quinzaine. C'est moi, le « compagnon » appréhendé à côté d'un engin près d'éclater. C'est sur un escabeau de prison que j'ai obtenu de tracer ces quelques lignes.

La nouvelle te stupéfiera. Tu te demanderas comment a pu dégénérer de la sorte le garçon paisible et timide que j'étais et suis encore. Que te dirai-je?... Je n'en reviens pas moi-même. Je me tâte. Si j'avais une glace, je m'y regarderais pour être sûr que je suis toujours moi.

Eh oui, parbleu, c'est moi, moi, le nerveux que tu sais. Et ce sont mes nerfs qui m'ont perdu. A un autre je ne conterais point la chose. Il me prendrait pour un fou — et peut-être le suis-je bien aussi?... Mais toi, tu comprendras, au moins, car tu me connais.

Tu n'as point oublié l'excessive impressionnabilité de mon être. Dans ma pauvre carcasse, le sang est rare ou pauvre. Ma santé, sans être franchement mauvaise, n'a jamais été excellente. Souvent, par tout mon corps, courent des tiédeurs qui font ma peau moite. Ce n'est point la fièvre nettement accusée. C'est un mouvement fébrile — un mal latent et languide — qui m'affaiblit et m'amollit. Pourtant, la vie m'a rarement permis le plein *far niente*. Il m'a fallu le plus souvent réagir et, ne pouvant compter sur un tempérament riche, je me suis adressé aux nerfs.

Comme chez tous les hommes faibles et maladifs, ceux-ci ont en moi une tendance à vibrer plus fortement. J'en ai profité. Je leur ai demandé beaucoup et souvent. J'ai cultivé leur sensibilité. A tel point qu'ils se sont retournés contre moi, devenant les tyrans dont je suis l'esclave presque passif.

Te souviens-tu de ces effrois subits et irraisonnés que je ressentais jadis? C'était à table, dans la rue, dans mon cabinet de travail. Soudain, sans m'en expliquer la cause, je jetais un cri et renversais brusquement ma tête de côté, comme si une main géante allait s'appesantir sur moi et me briser. Parfois aussi, j'entendais comme de gros frelons rasant mon oreille avec un bruit de toupie ronflante. La nuit, durant mes insomnies nombreuses, il me semblait « entendre le silence ». J'écoutais fixement, éprouvant la sensation d'atomes se heurtant, se bousculant avec un bruissement léger de ruisseau qui coule au loin. Souvent, aussi, seul dans une pièce, j'avais la vague impression d'être épié par un être immatériel, par une manière d'esprit me soufflant son haleine dans le cou. Enfin, constamment, me poursuivait l'appréhension du voisin — connu ou inconnu — qui me paraissait menaçant à la façon de l'escarpe rencontré à minuit dans un carrefour noir.

Cela m'était venu du surmenage nerveux et

aussi de la lecture du *Horla* étrange de Maupassant — ce qui prouve combien certains livres peuvent être dangereux pour les cervelles détraquées et fêlées si nombreuses en notre époque.

Ces hallucinations se dissipèrent pourtant, grâce à une cure d'air à la campagne. Ces visions me hantèrent de plus en plus rares. Mais, dès mon retour à la ville, une fois rejeté dans l'engrenage de ma vie surchauffée, une autre folie me guettait : celle de l'idée fixe. Oh! mon cher, devines-tu ce qu'est l'idée fixe — cette pensée qui poursuit sans trêve, obsédante, impérieuse, d'autant plus maîtresse qu'on croit la chasser? Sans savoir pourquoi, on veut une chose. La raison la proclame insensée, irréalisable, et on la veut quand même, plus fortement que jamais — jusqu'à ce qu'on l'ait.

C'est mon fait. A cette époque, on commençait à s'occuper d'attentats anarchistes, et — j'ignore au juste pourquoi — à la suite des détails relatés par les journaux sur la composition et la fabrication des bombes, je me pris d'un beau feu pour la chimie, pour le chapitre des formules d'explosifs surtout... Si bien qu'un matin, par plaisanterie, tu me dis :

— Te voilà donc passé dynamitard ?... Prends garde. Tu finiras par nous faire sauter.

Malheureux, pourquoi me tins-tu ce propos — banal après tout ? C'est ce mot qui m'a conduit où j'en suis. Il m'avait frappé quand tu le prononças. J'y pensais chaque jour. Si fortement que, pris de la peur de moi-même, je renonçai à mes mélanges de poudre. Mais pour quelque temps seulement. Un soir de pluie, las du boulevard, enfermé chez moi, je m'attablai de nouveau devant mes formules et mes mèches. Après tout, étais-je donc un gamin pour me méfier de ces ingrédients ?

Je m'y remis. Je me familiarisai avec ce joujou dangereux et tu devines la suite — et la fin. Toujours poursuivi par cette phrase : « Tu finiras par nous faire sauter... », je confectionnai l'engin, je le gardai d'abord, puis, vaincu par l'idée fixe, je le cachai un jour sous mon vêtement et le déposai n'importe où, au hasard, pour me débarrasser de cette idée fixe qui me torturait.

L'arrivée d'un passant m'a empêché de perpétrer le crime entier. On m'a surpris, saisi, emmené, sans, d'ailleurs, que je fisse la moindre résistance. Je suis maintenant doux comme l'agneau. Mes juges s'étonnent que j'aie pu jouer au Ravachol et j'attends le châtiment, car je l'ai mérité. Je ne plaiderai même pas la folie. Ce serait d'un mauvais exemple et l'on n'en abuse que trop de notre temps. Mais, aujourd'hui que je puis raisonner mon cas, la réaction produite par les terribles événements de la quinzaine ayant secoué et maté ma nervosité intense, aujourd'hui, entre nous, ne puis-je pas affirmer que je suis à plaindre et qu'au lieu de me démolir l'intelligence à coups d'instruction, on eût mieux fait de me laisser bêcher la terre — ou de me donner des douches ?

CEUX QUI ONT DE LA VEINE

Et dans le petit groupe qui philosophait, coupant la parole à tous les autres, Lambert, le pince-sans-rire, donna aussi son opinion :

— Pourquoi toujours exagérer ? dit-il. Vous ne saurez jamais vous en tenir aux avis moyens et mitigés, à ceux qui frisent le moins le paradoxe. La vie bonne, la vie mauvaise, la vie triste, la vie gaie, des blagues, tout ça... des inventions de rimailleurs ou de romanciers. La vie n'est ni ceci, ni cela, exclusivement : elle est un peu tout à la fois. Car elle est seulement ironique et l'ironie fait pleurer et rire, l'ironie satisfait et blesse...

La vie, c'est comme qui dirait une bonne femme à laquelle nous demandons beaucoup et qui nous donne d'une main pour nous voler de l'autre — ou inversement...

Exemple :

Quand j'étais gamin, au temps où je ne buvais pas encore de sherry ni ne fumais d'affreux cigares, ne songeant qu'à rater la classe et dénicher les pierrots, j'avais pour camarade Constant Lheureux. C'était un petit bonhomme de la campagne, carré, massif, trapu, premier au coup de poing. Nous épelions ensemble l'alphabet et plus souvent tirions à nous deux des bordées d'école buissonnière. Seulement, tandis que je me faisais toujours piger au retour, lui rentrait à la maison, fier comme Artaban, sans qu'on se doutât jamais de ses escapades. Ce qui ne l'empêchait pas, au bout de l'an, de récolter tous les bouquins rouges et toutes les couronnes vertes des distributions de prix...

— C'est un veinard, disait-on.

Et je me souviens qu'un matin, répétant un

mot entendu sans en comprendre le sens, je lui assurai qu'il était né avec la « crépine ».

C'était vrai.

Quittant l'école pour le lycée, je me séparai de Constant Lheureux et le perdis de vue. Quinze ans après, je le retrouvai par hasard à Paris. Le petit paysan s'était fait bourgeois. Il avait lâché la charrue pour le commerce et, tout doucement, s'était arrondi.

— Je suis content, m'assura-t-il d'un ton satisfait. J'ai vingt-sept ans. Parti du village sans le sou, j'ai toujours vécu grassement, tout en ramassant une cinquantaine de billets de mille. Encore autant et je me retire.

Puis, d'un air bon enfant :

— Je n'ai pas d'ambition, moi... ou plutôt, je n'en ai qu'une : posséder une voiture à moi... Une voiture, c'est mon rêve.

Ce rêve, il le réalisa.

Seulement, le premier jour où il prit les rênes et joua au gentleman, ses chevaux s'emballèrent. C'était à un carrefour encombré. Il y avait foule. Les bêtes culbutèrent deux passants. L'un se releva aussitôt, sain et sauf. C'était un pauvre bougre sans le sou qui continua son chemin sans protester. L'autre fut blessé. C'était un gros bonnet — un sénateur. Il introduisit une action en dommages-intérêts. Constant Lheureux dut lui compter les 50 000 francs qu'il avait si facilement gagnés.

Constant Lheureux avait eu de la chance en affaires...

Et au jeu aussi...

En faisant son piquet quotidien, il raflait tout les atouts. Le bézigue lui était favorable et le baccarat avait des tendresses pour lui.

Si bien qu'il songea, un soir, à Monte-Carlo, à la roulette et au trente et quarante. Le lendemain, il partit. En quelques heures, le râteau du croupier lui avait amené des piles de louis.

Satisfait et ne voulant pas lasser la chance, il reprit le train... avec une femme blonde.

— Puisque tu as gagné, tu vas me payer quelque chose, lui dit la petite.

— Une toilette, répondit négligemment Constant L'heureux, s'imaginant être bon prince.

— Au moins un mobilier, répliqua l'âme sœur.

— Non, une toilette...

— Non, un mobilier...

La discussion tournait à l'aigre, la petite femme blonde ne paraissant pas disposée à céder. Pour éviter le choc, mon brave ami se carra dans son coin et ferma l'œil.

Quand il le rouvrit, l'âme sœur s'était envolée — et les louis du croupier avec...

Constant Lheureux avait eu de la chance au jeu...

Et en amour aussi

Sans compter les liaisons « en cinq sec » dont sa vie était pleine, il comptait pas mal d'amies sérieuses et très désirables — femmes des voisins, légitimes ou... illégales... Les jeunes filles même en avaient pour lui... Deux surtout, qui, au mépris de nos paisibles mœurs françaises, vinrent le supplier de l'épouser. Toutes deux étaient également ravissantes, jeunes et parisiennes. Mais l'une avait une dot superbe : l'autre, de simples espérances. Mon excellent camarade, toujours pratique, préféra la dot.

Or, le soir de la signature du contrat, tandis qu'il sortait de chez ses futurs beaux parents, rayonnant et se frottant les mains, la seconde vierge, dont il n'avait pas voulu, lui tira à bout portant un coup de révolver vengeur. Il en mourut...

Constant Lheureux avait eu de la chance en amour...

LES VIOLETTES DE BARTHÉLEMY

C'était un bien brave homme que M. Bonassiou, le nouveau curé de Saint-Isidore, — vous savez, Saint-Isidore, le joli petit village provençal, à deux heures du Rhône...

Un peu naïf, le cher abbé, mais si bon, si pieux, si charitable ! Tout le monde l'adorait, depuis quelques mois qu'on l'avait installé dans le pays. Il connaissait toutes les familles, portait des médicaments à tous les malades, jetait des gros sous aux galopins de l'école et fermait les yeux quand, après messe, ses enfants de chœur achevaient le vin blanc des burettes. Aussi, fallait voir comme on levait le chapeau quand il passait dans la grand'rue, et comme on suivait les offices pour lui faire plaisir, et comme on l'écoutait attentivement prêcher le prône. Son évêque aurait pu courir tout le diocèse : il n'aurait pas trouvé hameau plus content de son curé, ni curé plus satisfait de ses ouailles...

Une fois, pourtant, l'heureux M. Bonassiou avait eu chagrin.

C'était l'an passé, au soir de Toussaint. Il revenait de chanter vêpres et comme le soleil basculait derrière les collines bleues, il était allé jusqu'au cimetière. — Ça fait tant de bien de causer avec les morts, même avec ceux qui nous sont étrangers ! .. Or, tandis qu'il marchait lentement entre les tombes, il eut une tristesse : partout, l'eau du ciel et la chaleur avaient fait pousser des herbes sauvages et des plantes folles ; mais sur la mousse habillant les grandes pierres carrées, pas une main n'avait déposé les fleurs du souvenir.

— Mes bonnes gens oublieraient-ils les Trépassés ? se demanda-t-il.

Et il interrogea quelques paysans. Et tous lui répondirent qu'ils se signaient en passant devant le cimetière, et qu'ils y venaient quelquefois, mais que les fleurs coûtaient trop cher.

— Pourquoi n'en pas semer? demanda l'abbé. La terre ne manque pas.

— Ça c'est vrai, dirent les autres. Mais, voyez-vous, monsieur le curé, vaut mieux quelques bons pieds de vignes, ou des fruitiers, ou des légumes.

Et le pauvre M. Bonassiou dut se contenter de l'explication, en songeant que, si les morts n'avaient pas de fleurs, les autels s'en passeraient, et que, pour Noël, il n'aurait que de vilaines branches de houx, et, pour le mois de Marie, que de méchantes aubépines où de pâles boutons d'églantiers.

— Bonne Mère, pria-t-il, vous ne m'en voudrez pas, n'est-ce pas?... Ou alors vous me ferez la grâce de convertir mes amis à l'amour des fleurs...

Or, tous les chrétiens savent que la Bonne

Mère, qui a bon cœur, cherche à contenter ceux qui l'aiment — et même ceux qui ne l'aiment pas. Aussi, se souvenant qu'elle avait inspiré les pieuses *caléjades* du curé de Cucugnan, elle exauça le curé de Saint-Isidore et, par rêve, lui indiqua le moyen de faire cultiver des fleurs par ses fidèles. A la vérité, ce moyen était bien un mensonge, mais si petit, si innocent — un mensonge joyeux, comme dit le catéchisme...

— Après tout, c'est pour la gloire de Dieu, songea M. Bonassiou.

Et il se décida.

Et, le dimanche suivant, montant en chaire, après un acte de contrition anticipé pour sa sainte menterie, il tint ce petit discours à ses dévots :

« Mes très chers frères,

» Ce n'est pas un sermon que je fais aujourd'hui. Nous avons encore assez de semaines dans l'année pour parler du ciel, de l'enfer et des sept péchés capitaux. J'ai une histoire à vous raconter, une nouvelle que m'a donnée le bon Jésus et je veux vous la dire tout de suite.

» Vous vous rappelez Barthélemy, père Barthélemy, qui est mort il y a trois semaines. Vous vous souvenez que nous avons beaucoup prié pour son salut, parce que, *pécaïré!* il en avait tant besoin! Il ne venait pas souvent à l'église, se disputait avec Mme Barthélemy et buvait comme Noé. Il s'était bien confessé avant de partir et pour sûr que le diable ne pouvait pas le prendre; pas moins, je comptais sur un peu de purgatoire. Eh bien! non, le bon Dieu lui a fait grâce. Il est maintenant là-haut, à côté de Saint-Isidore notre patron.

» Et voici comment c'est venu.

» A peine décédé, toc, toc, père Barthélemy frappe à la porte du Paradis. Saint-Pierre lui ouvre et l'amène à la Sainte Trinité :

» — *Qu'es aco?* dit Dieu le Père qui parle provençal comme s'il était d'ici. Encore un sacripant, encore un vaurien... Tu as levé le coude, eh ! canaille ? Tu as battu ta pauvre femme? Tu n'as pas écouté monsieur le curé?...

» Et père Barthélemy ne riait pas. Il tremblait, le pauvre, et n'osait même pas souffler — de peur qu'on sentît le vin qu'il avait bu une heure avant de mourir.

» Heureusement, Saint Pierre dérangea le jugement :

» — Ce sont trois violettes qui viennent de rendre l'âme, dit-il.

Une odeur fine embauma aussitôt tout le ciel, calmant la colère de la Sainte Trinité.

» — Approchez-vous, petites, parla Dieu le Père.

(Car vous savez que le Dieu des gens est aussi le Dieu des bêtes et des fleurs.)

» Et timides, tremblantes sur leur tige frêle, les trois violettes avancèrent leur tête pâle, penchèrent leur poitrine et montrèrent leur cœur.

» — Qu'as-tu fait pendant ta vie? demanda le juge à la première.

» — Je suis née à Saint-Isidore, dit-elle,

près de la route. J'y ai grandi doucement, sans me montrer. Mais, un matin, ma taille dépassa les feuilles. Quelqu'un m'aperçut — un gars d'à côté. Il me prit, me tint un instant dans ses doigts, m'embrassa et me posa sur le corsage de sa fiancée. J'y suis morte, tantôt, d'une caresse de l'enfant.

» — Et toi? interrogea Dieu le Père en regardant la seconde.

» — Je suis aussi de Saint-Isidore, comme ma sœur, poussée sur le même plant. Mais ce n'est pas un garçon qui m'a cueillie. C'est une fille de Saint-Barnabé, le village après Saint-Isidore. Elle m'a mise devant une Sainte-Vierge; je m'y suis desséchée.

» A son tour, la troisième s'expliqua. Elle était payse et cousine des deux autres :

» — Seulement, ajouta-t-elle, c'est une vieille femme qui m'a arrachée de terre. Elle était toute en noir et m'a portée au cimetière où j'ai donné tout mon parfum à son pauvre petit qui était couché dessous.

» Alors, le Père Eternel gronda :

» — Tu vois, Barthélemy, tu vois ces fleurs. Elles ont aimé, prié, gardé les morts, tandis que toi...

» — Mais, Seigneur, hasarda l'autre...

» A cette voix qu'elles reconnaissaient, les trois violettes se retournèrent, curieuses :

» — Té, notre maître, dirent-elles, vous voilà aussi?...

» La Sainte Trinité en fut tout étonnée :

» — Pourquoi l'appeler votre maître? demanda l'Esprit Saint.

» — Parce que c'est chez lui que nous sommes nées, répondit la première.

» — C'est lui qui nous a semées et arrosées, dit la seconde.

» — Des gens de Saint-Isidore, il était seul à avoir des fleurs, ajouta la troisième.

» Si bien que le père Éternel se radoucit. Il sourit dans sa grande barbe blanche et dit :

» — Tu as de le chance, Barthélemy, d'avoir aimé les violettes qui font tant de bien sur terre. Et pour ça, je te pardonne...

Et Saint Pierre emmena tout de suite le

nouveau saint dans les nuages d'or où madame Barthélemy attendait son homme. *Amen...* »

. . . .

Et monsieur le curé Bonassiou, étonné d'avoir si bien menti, descendit de chaire.

Depuis, le cabaretier du village s'est fait riche, très riche, mais Saint-Isidore est devenu le pays le mieux fleuri de Provence...

FIN

TABLE

La femme. 5
Le journal de la douairière 12
La fin du toréador 18
Pas comme les moineaux 28
Lettre d'un divorcé 36
Minute de rêve 44
Meneur. 49
L'enfant 58
La peur du mariage. 70
Souvenirs de caserne. 79
Le jour de l'an du petit zouzou. 87
Ni jolie, ni drôle 101
Petit Noël 108
L'ananas du réveillon 116
Pourquoi une veuve ? 131
Le « cadre ». 144
Noce blanche. 154
Choriste 168
Le petit employé 178
La veilleuse. 188
Lendemain de bal. 201
Tuons-nous. 209
Mariage rompu 214
Histoire de tous les jours 223
Anarchiste 234
Ceux qui ont de la veine. 241
Les voilettes de Barthélemy 247

Émile Colin. — Imprimerie de Lagny.

AVIS DE L'ÉDITEUR

Le but de la collection des *Auteurs célèbres*, à **60** *centimes* le volume, est de mettre entre toutes les mains de bonnes éditions des meilleurs écrivains modernes et contemporains.

Sous un format commode et pouvant en même temps tenir une belle place dans toute bibliothèque, il paraît chaque quinzaine un volume.

CHAQUE OUVRAGE EST COMPLET EN UN VOLUME

POUR LES N°s 1 A 255, DEMANDER LE CATALOGUE SPÉCIAL

256. Emile Greyson, **Juffer Daadje et Juffer Doortje.**
257. Vast-Ricouard, **Le Chef de Gare.**
258. Jules Renard, **Le Coureur de Filles.**
259. Danrit, *La Guerre de Demain*. **La Bataille de Neufchâteau.**
260. Maxime Rude, **Les Princes Tragiques.**
261. Louis Jacolliot, **Voyage au pays des Singes.**
262. Ch. Dickens, Wilkie et Charles Collins, H.-F. Charley, Holine Lee et Amelia Edward, **Un Ménage de la Mer** (Contes de Noël).
263. Émile Zola, **Sidoine et Médéric.**
264. Pierre Mael, **La Bruyère d'Yvonne.**
265. Maxime Paz, **Trahie.**
266. Catulle Mendès, **L'Enfant amoureux.**
267. Martial Moulin et Pierre Lemonnier, **Aventures de Mathurins.**
268. Boccace, **Contes.**
269. Claire Vautier, **Femme et Prêtre.**
270. Oscar Méténier, **La Grâce.**
271. Couturier (Claude), **Le Lit de cette Personne.**
272. Le Roux (Hugues), **L'Attentat Sloughine**
273. Xanrof, **Juju.**
274. Pradels (Octave), **Les Amours de Bidoche.**
275. Yveling Rambaud, **Sur le Tard.**
276. Bosquet (E.), **Le Roman des Ouvrières.**
277. Perret (Paul), **La Fin d'un Viveur.**
278. Laurent (Albert), **La Bande Michelou.**
279. Caru (Théodore), **Combat d'Amours.**
280. Veber (Pierre), **L'Innocente au Logis.**

PARIS. — IMPRIMERIE E. FLAMMARION, RUE RACINE, 26.

www.ingramcontent.com/pod-product-compliance
Ingram Content Group UK Ltd.
Pitfield, Milton Keynes, MK11 3LW, UK
UKHW021103230726
13926UKWH00004B/1992